Emergiendo del pantano

Inteligencia emocional

Explorando Nuestro Interior

Categoría: Relaciones Humanas,
Psicología y Crecimiento Personal.

Andrés Mata

authorHOUSE®

AuthorHouse™
1663 Liberty Drive
Bloomington, IN 47403
www.authorhouse.com
Phone: 1 (800) 839-8640

Published by AuthorHouse   03/23/2015

ISBN: 978-1-4969-7410-5 (sc)
ISBN: 978-1-4969-7408-2 (e)

Print information available on the last page.

Any people depicted in stock imagery provided by Thinkstock are models,
and such images are being used for illustrative purposes only.
Certain stock imagery © Thinkstock.

This book is printed on acid-free paper.

Because of the dynamic nature of the Internet, any web addresses or
links contained in this book may have changed since publication and
may no longer be valid. The views expressed in this work are solely those
of the author and do not necessarily reflect the views of the publisher,
and the publisher hereby disclaims any responsibility for them.

Scriptures marked as "RVR1995" are taken from the Reina-Valera
1995 version Reina-Valera 95® © Sociedades Bíblicas Unidas, 1995.

Contenido

Este libro fue escrito con principios sólidos
de relaciones humanas, de motivación y
con principios básicos de psicología.

Prefacio

Ha medida que las comunicaciones a distancia se han mejorado, y el planeta esta mas lleno de gente las personas cada vez se sienten mas solas, desde el año 2000 a la fecha se han incrementado los suicidios en una forma alarmante, especialmente en los jóvenes. Por eso escribí esta obra para ayudar a la gente a conocerse mejor y a encontrarse asimismo. Para que no caigan en lagunas mentales que les roban el sentido y el deseo de vivir, y para que encuentren sus fortalezas, su sentido y su propósito para desarrollarse como seres humanos en la vida.

En este libro encontraras información que te inspirará y elevará en momentos difíciles, y en momentos de calma te dará fuerza y motivación con sabor a victoria, al vencer la gran variedad de obstáculos y hoyos mentales en los que caemos al recibir los reveses que te ofrece el juego de la vida.

El juego de la vida te envuelve en diferentes situaciones que te orillan a distintas encrucijadas en donde tu voluntad y tu capacidad de luchar y de vivir son probadas. Al punto que tu futuro se ve amenazado, porque se reduce tan solo a un impulso más de tu pensamiento, el cual pende de un hilo tambaleante sostenido por la fe, la esperanza y tus deseos de seguir. Ahí es donde se libera la batalla más difícil, en medio de la desgracia, la derrota, los problemas, el desamparo y la incomprensión. Ahí es donde se determina si te rindes y te derrumbas o si te sostienes y confrontas, con valor el dolor y el sufrimiento sin tomar tan apecho su aguijón, sino aceptándolo con humildad y resignación. Al mismo tiempo puedes sacarle provecho con sabiduría, hasta convertir tu vida en un deleite con sabor de triunfo y victoria.

Tan amargo es el olvido como dulce el amor, tan persistente el anhelo de encontrar la felicidad que la limitamos solamente a lo que se ve, se siente, se oye o se logra, cuando debemos ser felices simplemente por lo que somos. Por la oportunidad que tenemos de vivir, porque solamente una vez se vive.
La vida es como un poema, que de nosotros depende si se vuelve un suspiro con sabor a victoria o se convierte en un eterno lamento.

La vida y la felicidad no consiste solo en los bienes, en lo que se ve o lo que se toca, tampoco consiste en lo que los demás dicen o piensan de ti, sino en la habilidad de decir no y de decir si.
No a los sentimientos, pensamientos o cosas negativas que corroen o destruyen tus pensamientos, los cuales sin duda se convertirán en su equivalente físico.
Si a los pensamientos, sentimientos y cosas que edifican y construyen tu interior el cual formará tu exterior y se traducirá en su equivalente físico.

En esta obra junto varios elementos que se descubrirán a lo largo de la lectura, son elementos naturales e importantes que están adheridos dentro de nuestra mente y corazón.

Una vez que leas esta obra te vas a dar cuenta que la mayor debilidad del ser humano es que simplemente no piensa en lo que él es, ni en porque reacciona como reacciona, que es la razón principal por la cual está donde está, y por la manera controlada o descontrolada en que usa todos los elementos internos con los que en forma natural ya cuenta. En especial las facultades nobles que el creador puso en su corazón y que con ayuda de El puede desarrollar y fortalecer.

Si tomas el control de tus hábitos, especialmente los que te llevan a la realización de tus sueños y aspiraciones personales, tus logros serán incalculables. Es decir saldrás victorioso en el juego de la vida.

Agradecimientos

Agradezco grandemente a los que colaboraron conmigo de alguna forma, ya sea directa o indirectamente para llevar acabo esta obra.

Quiero agradecer primeramente a Dios, porque creo que Él es la fuente más grande e inagotable del conocimiento, por sus bendiciones, su cuidado y por la oportunidad que me dio de realizar esta obra.

No me cansaré de agradecer a mis padres, Isaías Mata y María de los Ángeles Gámez que en paz descansen, por su cuidado, su sacrificio, su amor y por darnos lo mejor de ellos a mí y a mis hermanos.

Agradezco a mi esposa Sandra, por su apoyo, su paciencia y su comprensión, en todo lo que he desarrollado y emprendido.

Quiero agradecer a mis cuatro hijos Edgar Andrés, Jonathan, Odalis Anai y Alison Michelle Mata Castro, porque su ingenuidad e inocencia han tocado mi inspiración y he aprendido mucho de sus enseñanzas y su amor incondicional.

También agradezco enormemente a Brendy Tovar. Por ayudarme con la redacción y la ortografía de esta obra.

Agradezco a Earving Morales genio en computación por su apoyo en varios de mis proyectos.

A ti querido lector quiero felicitarte por esa oportunidad que te das de investigar y aprender, porque eso es la base del crecimiento y el conocimiento.

De todo corazón deseo que todas las enseñanzas que están aquí impresas sirvan de algo en tu vida personal y en la construcción de tu desarrollo interno, el cual formará tu futuro. Deseo que tu vida se llene de los frutos que deseas. Tus hábitos serán un punto clave en tu desarrollo y tus triunfos personales, si no tomas control de tus hábitos, ellos tomarán el control de ti, empujándote a un futuro incierto.

Primera Parte

La humanidad se enfrenta a la humanidad.

La humanidad se enfrenta a la humanidad

E l tratar y el interactuar con la gente es una exigencia de la vida, especialmente si deseas tener éxito en cualquier campo o área de tu existencia. No importa el nivel económico, social o académico al cual pertenezcas, saber vivir es un arte que requiere sabiduría.

Recién llegados, mi familia y yo, a los Estados Unidos vivimos un tiempo en casa de mi hermana María de la Luz y su esposo Adrián Reza en Carrolton Texas. Ellos son una familia adorable que apreciamos mucho. Hoy en la actualidad tienen cinco hijos, sus preciosos hijos son Catering, Juan Adrián, Cristian Michael, Gabriel y Kaylie Reza.

En ese tiempo que llegamos de México mi esposa y yo, teníamos solo dos hijos Edgar Andrés y Jonathan. Mi hija Odalis Anai y Alison Michalle no habían nacido todavía.

En una ocasión de convivencia familiar sucedió algo interesante que te contare… Mi sobrino Juan Adrián tenía alrededor de tres años de edad y nuestro hijo Jonathan Mata tenia diez meses de nacido. Los dos jugaban plácidamente en el pasillo de la casa y todo parecía estar sin novedad. Al otro extremo de la casa yo observaba sus movimientos. Cuando de pronto algo sucedió entre ellos; ambos querían el mismo juguete y no salieron de acuerdo entre sí. Por lo que se podía apreciar ninguno estaba dispuesto a negociar o a renunciar a su posición.

Cuando todo estaba entre ellos muy tenso y acalorado Juanito le grito a Jonathan. Esa reacción en lugar de intimidar pareció encender mas los ánimos de Jonathan, que ni tardo ni perezoso respondió la agresión con otro grito. Juanito le respondió nuevamente mas cerca y con mas fuerza, Jonathan volvió a responder pero ahora con un golpe, el cual fue regresado de inmediato por Juanito y de un tirón saco el juguete por el que estaban peleando terminando con aquella acalorada discusión. Jonathan un niño de escasos diez meses de nacido rompió en llanto sin poder contenerse.

Sabes querido lector lo curioso de esta historia es que lo que sucedió entre estos niños ingenuos e inocentes no es muy diferente a lo que sucede entre los adultos hoy día.

Hace falta sabiduría para volar por encima de las redes mentales de desesperación, o la ira que sin duda por alguna razón en algún momento de nuestra vida nos asaltará.

Desafortunadamente poseemos diferentes niveles de sensibilidad, de cordura y hasta de conciencia. Es muy difícil, en mas, es imposible que todos en el mundo tengamos uniformidad en el consiente de nuestra percepción, especialmente en cosas tan personales como lo son: los conceptos de vida, los valores, las creencias y las convicciones que gobiernan nuestro pensamiento. Es por esa razón que a menudo chocamos con los demás en nuestros puntos de vista. Por lo cual se abre la posibilidad de que con facilidad salgamos mal con ellos y terminemos rompiendo nuestras relaciones al disentir y no concordar con lo que piensan, hacen o dicen.

Salir mal con las personas es lo mas fácil y tal vez lo mas natural en las personas comunes, lo mas sabio e inteligente es cultivar y mantener relaciones profundas, sólidas, estables y permanentes.

Uno de los retos más difíciles que se deben proponer quienes quieren triunfar en la vida y llegar a ser algo o alguien, es desarrollar la capacidad de entablar conexiones especiales con quienes los rodean con el fin de crear vínculos especiales con ellos. El que logra hacer esto, conmoverá aun a los médicos forenses cuando fallezca.

Para demostrarte que salir mal con otros es más fácil de lo que normalmente creemos. Te contare una historia interesante. Tal vez te parezca que tiene un contenido poco chusco o cómico por tratarse de dos personajes importantes, pero es real. Ilustra la facilidad natural que poseemos todos para salir mal con otros. En esta historia interesante que te mencionare a continuación quiero que medites un poco, porque vamos a destacar unos rasgos naturales del comportamiento humano. Aunque ahora da risa recordar lo que sucedió con los niños en nuestra historia anterior, ese incidente termino con una relación de bebes por un momento.

Lo mas sabio hubiera sido que uno de ellos simplemente renunciara a su posición evitando así la confrontación y la consecuencia de ella.

Esta reacción no solo se da en los bebes inocentes e ingenuos sino en las personas grandes, intelectuales y "maduras" también; aunque parezca cómico pero es verdad.

Observa estos ejemplos siguientes:

Las cámaras de televisión de varios noticieros comentaban sobre el Expresidente Venezolano fallecido Hugo Chávez y el Expresidente Mexicano Vicente Fox. Después de que el Expresidente de Venezuela hiciera un comentario ante algunos medios de comunicación venezolanos en el año 2005., el Expresidente Hugo Chávez señaló en público que el enemigo de Venezuela no era el cachorro (Fox) sino el dueño del cachorro el Expresidente Estadounidense (Bush).

Este comentario fue suficiente para que se encendieran los ánimos entre ambos países, Fox exigía que Hugo se disculpara por sus comentarios, mas el Hugo Chávez se negó rotundamente. Como respuesta a esa negación, el Gobierno Mexicano retiro su embajador de Venezuela haciendo que la relación entre ambos países se tensara. Los periodistas curiosos del canal de televisión CNN en español al entrevistar al Expresidente Fox le hicieron preguntas insinuantes como buscando provocar adjetivos o frases que dieran lugar a una polémica que resultara en una fricción más fuerte entre ambos países.

Recuerdo que se agitaron los ánimos; Fox se miró tentado a entrar en el juego de un Hugo Chávez que parecía que se gozaba en la controversia y se divertía llamando la atención de los medios de comunicación de esa forma. Principalmente provocando a países más grandes y mas fuertes. Con más inteligencia Fox trato de no personalizar tanto esa situación, sino que con altura evadía las preguntas y cerró su entrevista diciendo que no quería personalizar sino que estaba dispuesto a tratar temas de interés nacional.

Una reacción como la del Expresidente Hugo Chávez que en cuanto tenia oportunidad salía mal con todo mundo, (no le importaba quedar mal con políticos, con personas célebres, de negocios o religiosas) una reacción de esas no es muy diferente a la de un niño berrinchudo y malcriado. Tampoco a la de los luchadores americanos que retan a sus contrincantes. La diferencia entre ambos es que a un niño una persona mayor le pega un grito o le da un manazo en la mano y se calma, pero no es lo mismo con alguien ya "adulto" como Chávez. Una reacción como la del Expresidente Hugo Chávez seria razonable si viniera de cantantes de grupos de protesta o de cantantes de narco corridos, o de otros cantantes que de esa forma llaman la atención, provocando o creando controversias y ridicularizando o insultando a otros. (Esa era la manera de llamar la atención de Chávez. Sin importar si era agrediendo o provocando polémicas.

Pero esa forma de llamar la atención en un presidente de una nación, con gente culta, preparada y civilizada que le confía un puesto tan importante, una actitud como la de Hugo Chávez definitivamente no puede ser aceptable. Una actitud de alguien tan importante debe de poseer madures, ética, profesional, política y moral por respeto a los suyos y a lo que representa.

Es difícil aceptar que por un momento se pusieron en juego muchos intereses nacionales de ambos países solo por la irresponsabilidad e inmadures de alguien que parecía no tener la menor idea, de que para liderar con diligencia un País es necesario poseer un poco de sentido común, especialmente cuando se trata de relaciones colaterales de asuntos internacionales.

Analicemos este asunto:

En estos incidentes que vimos tanto en el de los niños como en el de los expresidentes ¿cuales son los puntos en común?

1. Ambos encontraron una razón por la cual no estaban de acuerdo y discutir.
2. Ambos reclamaban para si el tener derecho a exigir y a defender su posición.
3. Ambos comenzaron a intensificar el tono de reclamo a su manera aumentando el problema.
4. Ambos con su reacción y comportamiento dejaron al descubierto su falta de madures.

La diferencia entre Fox y Hugo Chávez fue que ellos no pasaron a agresiones mayores como los niños.

El 11 de Septiembre del 2001 quedo marcado en la historia como la peor tragedia terrorista en la historia de los Estados Unidos. Alrededor de las 8 de la mañana todo parecía normal. La mañana transcurría en forma normal, miles de personas caminaban por las calles de New York. Las calles lucían saturadas de tráfico y gente yendo y viniendo de diferentes lugares. Nadie imaginaba lo que estaba por acontecer. Derepente a las 8:46 AM un sonido fuerte y violento se escucho, al mismo instante se estremecieron los cimientos de uno de los gigantes de acero el cual era el edificio norte de las estructuras más grandes de New York. Hasta ese momento el asombro no pasaba de que un avión se avía estrellado con uno de los edificios del las torres gemelas ¡estos edificios eran el centro del comercio mundial de la gran manzana! Al momento de suceder este problema, en pocos momentos se lleno de curiosos de todos lados, las cámaras de los medios de comunicación locales y de fuera se hicieron presentes. Cuando todo paresia normalizarse de repente a las 9:03 AM un segundo avión que surcaba los cielos rompió la barrera del silencio al impactar el segundo edificio en presencia de millones de espectadores tanto transeúntes locales como a través de los medios de comunicación. Pero lo peor estaba por acontecer. De repente a las 10:00 AM el mundo entero presenció sin poder hacer nada enmudeció en asombro e impotencia cuando el primero de los gigantes de acero que fueron construidos en alrededor de una década, se desplomo en minutos siguiéndolo el segundo edificio en poca diferencia de tiempo. En menos de tres horas, fueron destruidas esas estructuras gigantes llevándose a miles de personas de diferentes clases sociales, culturas, naciones, niveles académicos y económicos fallecieron ese día.

El nivel de la desgracia que sucedió en New York fue tan inmenso que el mundo entero se conmovió y quedo mudo, lleno de horror ante la realidad de las imágenes que se miraban en los diferentes noticieros. Esa desgracia solo ilustra un nivel muy alto de odio y de resentimiento que alguien logro acumular en su corazón y que lo llevo a provocar tal acto terrorista. En el año 2001 los Estados Unidos fueron sorprendidos por cuatro ataques terroristas al ser secuestrados cuatro aviones de pasajeros los cuales fueron usados como proyectiles de destrucción junto con todos sus ocupantes. En la ciudad de New York en donde murieron varios miles de personas, se estrellaron dos aviones, otro en el pentágono en Wachinton D C y el último callo en el territorio de Pensilvania. ¿Cuánto odio necesita acumular una persona? ¿Bajo que tipo de presión tiene que estar para pensar y reaccionar así al punto de provocar algo de esa magnitud? ¿Porque alguien querría hacer algo así? ¿Cuales son los móviles que impulsan a alguien a una acción así?

Hay mas preguntas que respuestas en casos de este tipo, sin embargo en esta obra encontraremos muchas razones que desarrollan sentimientos de odio el cual trae destrucción. Tales razones las iremos descubriendo poco a poco en este libro.

Cuando nacemos contamos con una mente limpia, no hay prejuicios ni nada que empañe o provoque pensamientos o sentimientos cargados de odio o de perversidad. No hay malicia ni malas intensiones en un bebé. Pero de repente., mientras crecemos atravesamos por etapas que nos forman y nos transforman por dentro. Si no lo crees ve a visitar a prisioneros de alta peligrosidad en las cárceles de cualquier parte, especialmente en las grandes ciudades del mundo como México, Hong Kong, New York, Dallas, los Ángeles California. En cualquier cárcel donde existen todo tipo de criminales purgando condenas en muchos de los casos condenas de por vida o esperando su ejecución, podrás ver vidas marcadas por odio y resentimiento.

Cuando tienes contacto con ellos te das cuenta que *esos hombres aparentemente insensible no nacieron así, sino que en el transcurso de su vida se encontraron con factores que los dañaron y los llenaron de sentimientos cargados de odio y rebeldía. En muchos casos en algún momento de su vida fueron tan sensibles y tan humanos como cualquier otro ser. Mas ahora por razones que ni ellos mismos alcanzan a comprende cayeron presos de sus propias emociones, impulsos, rencores, prejuicios, traumas, pasiones, odios y rebeldía. En muchos casos ni ellos mismos comprenden la raíz de su extraño comportamiento.*

Ángel, era la mano derecha de Francisco Villa. El manejaba negociaciones políticas con el gobierno. Y poco ante de su ejecución dio un discurso mencionando que Villa no era malo sino que lo hicieron malo las circunstancias.

Eran alrededor de las 11 de la noche; yo llegué a mi casa y me disponía a descansar después de un día lleno de compromisos. De repente sonó el teléfono y fui a contestarlo. Al levantar el teléfono me sorprendí porque una maquina al otra lado de la línea comenzó hablar. Era una llamada por cobrar de la cárcel del lugar donde vivo. De momento me vinieron a la mente muchos pensamientos de personas tanto de amigos, como de familiares o conocidos que posiblemente pudieron haber sido detenidos o que podía haberles sucedido algo mas grave. Finalmente acepte la llamada por cobrar. Detrás de la bocina oí una voz desconocida que me dijo su nombre y que orara por él. Por alguna razón mi libro de *"Una Ventana a Nuestro Interior"* había llegado por accidente a ese lugar y el lo había leído y ahora se encontraba profundamente conmovido. Había sido detenido con cocaína y estaba siendo interrogado para ser sentenciado.

Desafortunadamente según me contó cuando fui personalmente a visitarlo y hablar con él, era su primer intento. Mi sorpresa fue mayor cuando vi. que era un joven que solo tenia alrededor de 18 años, y lo que mas lo atormentaba era que era el hijo mayor de una viuda la cual tenía una familia grande con niños chicos. Todos dependían del sustento que el les enviaba de los Estados Unidos a Juárez México. El era el sostén de la casa. Y ahora solo esperaba que Dios lo perdonara y lo ayudara para que su condena no fuera muy larga, para poder salir y seguir ayudando a su mama y sus hermanos menores.

La gran pregunta es ¿como es que un ser humano normal puede llegar a semejante descomposición mental y a semejante degradación espiritual al punto que se rebele y se convierta en terrorista o en una amenaza social que provoque tragedias o promueva vicios tan dañinos?

Las respuestas que mas se acercan a la rebeldía o a ser las razones que mueven a una persona a hacer daño en muchos casos se remontan a la niñez o adolescencia. Esas razones tienen que ver con memorias en donde quedaron atrapados y no han podido salir.

Hoy en día muchos estudios resientes realizados por varias Universidades señalan a la niñez como la etapa crucial para instalar patrones que repercutirán en el comportamiento de las personas en la adolescencia y en la edad adulta.

Leyendo un reportaje encontré una historia desgarradora. Se trata de una prisión en el tiempo de la segunda guerra mundial en Alemania donde unos presidiarios vivían en condiciones deplorables! En su afán por llamar la atención de sus carceleros se cortaban los dedos de sus manos, se herían y cortaban su piel, se peleaban entre ellos al punto que se mataban entre si. La desesperación era tanta que hubo quienes se mutilaban de muchas formas.

Hoy en día hay grupos de personas de diferentes edades que se encuentran dispersos, son muy famosos porque los noticieros los han enfocado varias veces. Los han echo resaltar por sus actos de rebeldía, violencia y pandillerismo. (Ahora se encuentra difundida por varios lugares de los Estados Unidos.)

Esto me recuerda a un joven cuyo nombre era José Alberto Cortés. El era uno de los fundadores de la Mara Salvatrucha en la calle 13 de los Ángeles California. También era cantante y fundador de un grupo de rap, su música contenía groserías que al escucharlo con atención y con un poco de discernimiento, se podía percibir el nivel de los daños y traumas a los que en alguna etapa de su vida fue sometido y que por alguna razón ahora en la edad adulta era evidente que todavía adolecía en sus emociones de esos traumas. Sus mensajes eran dirigidos especialmente a un público receptor que sin duda adolecía de los mismos daños que los integrantes de dicho grupo.

Este grupo se hacia llamar *"City of No Pity"* que traducido en español es *"Ciudad de No Piedad."* Desafortunadamente este joven fue asesinado en el año 1997.

Hay una verdad natural muy cierta; *el hombre defiende lo que ama y ataca lo que odia y de alguna manera nosotros somos lo que defendemos.*

Al analizar el concepto de Ciudad de no Piedad., Nos ayudará un poco a comprender la naturaleza y el origen de tanto odio e ira que alguien puede guardar. Y como reproche a su situación puede rebelarse y ser capas de cualquier cosa, especialmente cuando su integridad, su dignidad o su sensibilidad se sienten heridas o agredidas por algo o alguien y al carecer de identidad se revelan así.

Estudiando los orígenes de la Mara Salva trucha podemos responder a muchas preguntas que conciernen al tema de las relaciones y al comportamiento humano.

Se originó en países centroamericanos, especialmente en el Salvador bajo un clima de inestabilidad política bajo un ambiente de ignorancia y extrema pobreza en donde la inseguridad, el temor y la pérdida de seres queridos era el pan de cada día. Había grupos de rebeldes por todos lados que según un testigo que perdió parte de su familia en un ataque a un poblado, en la madrugada los rebeldes entraban a las casas y secuestraban los jovencitos de 12 o 13 años para arriba para incorporarlos a sus filas. En sus confrontaciones con el gobierno desintegraron familias dejaron un caos a su paso y un panorama devastador del cual afloro una generación rebelde, confundida y antisocial, Que gran parte de estos rebeldes emigro, algunos a Guatemala, Honduras y otros a los Estados Unidos logrando reagruparse en el este de los Ángeles en la calle 13. Lo mismo que en algunos otros lugares en el sur de México.

Los que iniciaron la Mara Salva trucha eran ex-guerrilleros y ex - militares o personas desafortunadas que les toco vivir los estragos de la guerra y la desgracia dañándolos e hiriéndolos profundamente.

Esto es típico cuando una civilización esta a punto de colapsarse. Estos son algunos de los síntomas que presenta: crisis, vicios de poder, violencia, guerra, inestabilidad, inseguridad, violaciones emocionales de todo tipo y violaciones físicas de todos los grados. Es decir, *surgen todas las condiciones que provocan traumas en los receptores y neurotransmisores de nuestro cerebro generando una generación neurotizada llena de ira, dolor, coraje y resentimiento.*

Parte de una generación dañada especialmente los que sufrieron más, ahora están convertidos en una pandilla dispersa que no ha podido recuperarse de los traumas, complejos, heridas y sufrimientos. No han podido asimilar y quedar libres de su confusión. Su inconformidad y dolor ahora se transforma en una forma de rebeldía, violencia y reproche a la vida y al mundo civilizado.

Si me preguntas ¿Por qué la vida es cruel e injusta en muchos casos?

Te diría que la respuesta a esa pregunta aun no se conoce.

Los creyentes señalan al diablo, padre del pecado y de la maldad, como responsable de todo lo malo que existe en el mundo.

En su libro titulado *"A view From the Zo, Gary" Richmond* describe como una jirafa recién nacida recibe la injusticia de la vida y aprende a su manera su propia lección.

La jirafa al nacer cae de alrededor de dos metros de altura estrellándose en el suelo. Por lo general cae de espalda. En unos segundos se da vuelta y coloca sus patas debajo de su cuerpo. De esta posición ve al mundo por primera vez y se sacude los últimos vestigios de fluido amniótico de los ojos y las orejas.

En seguida mamá jirafa presenta a su cría a la realidad de la vida.

La mamá jirafa agacha la cabeza lo suficiente como para dar una rápida mirada a su cría. Espera cerca de un minuto luego hace la cosa mas irracional: mueve su larga pata como si fuera un péndulo y patea a su bebe haciéndolo caer de cabeza hacia adelante. Si la pequeña jirafa no se levanta, el violento proceso se repite una y otra vez.

La lucha por levantarse es trascendental. A medida que la jirafa pequeña se cansa, la madre la patea de nuevo para estimularla a que continué esforzándose. Finalmente la jirafita se levanta apoyándose en sus temblorosas patas y de nuevo la mamá jirafa hace algo notable. Patea el recién nacido y este cae.

La pregunta es ¿Por que?

En la selva las jirafas pequeñas deben de tener la habilidad de levantarse lo más rápido posible para permanecer con la manada en eso descansa su seguridad. A los leones, las hienas, los leopardos y los perros salvajes les gustan mucho las jirafas jóvenes que están solas.

Si la madre no les enseña a sus hijos a levantarse con rapidez y a moverse, serian una presa fácil.

Cuando mi hija Odalis Anai nació en un hospital de los Estados Unidos, recuerdo que en el momento de nacer lloro con fuerza, lo que no sabía mi hija era que tendría que pasar por un proceso de revisiones médicas y de pruebas que le producirían dolor sus pequeños pies de bebé sangraban por las agujas a las que avía sido sometida. Sus pies fueron inyectados una y otra vez con el fin de hacerle varios exámenes para cerciorarse de que todo estuviera bien.

Cuando ella cumplió cuatro años de edad, Sandra mi esposa, la llevo nuevamente a revisión y a que tomara cuatro vacunas las cuales se las pusieron una en cada extremidad, asiendo que llorara inconsolablemente.

Si le preguntáramos a Odalis de su situación seguro que no lo entendería a su edad, en su mente de niña ella cuestionaría y si estuviera en sus manos tal vez se resistiría a semejante abuso dentro de su comprensión. Pero aunque no lo entienda y halla sido aparentemente cruel era necesario para su vida.

¿Que quiero decir con esto? Desafortunadamente no podemos elegir muchas de las cosas que nos suceden en la vida, pero si podemos elegir la forma en que reaccionaremos ante ellas.

Los golpes te hacen mas fuerte te templan y te forman.

Desafortunadamente nuestra mente tiene más facilidad para recordar lo que involucra emociones, sensaciones, sentimientos, dolor y sufrimiento que lo que vivimos superficialmente.

Según Charles Caleb Colton:

Los tiempos de calamidad y de confusión siempre han sido productivos para las grandes mentes. El metal más puro se produce en el orno mas caliente y el rayo más brillante es el que produce la tormenta más oscura.

John es un amigo anglo muy querido con quien por razones personales y la educación cristiana conocí.

Un grupo de niños y yo tuvimos el gusto de platicar varias veces con John. El tuvo la formidable desgracia de nacer ciego, mas su ceguera no le impidió que estudiara y que aprendiera a leer y a escribir braile. Otra cosa importante es que aprendió a hablar español y se hizo miembro de una organización cristiana que se llama Cuerpo de Paz. Ahí John decidió ir de misionero a Centroamérica a enseñar a leer y a escribir a otras personas ciegas como él.

La desgracia de John se convirtió en su motivo por el cual aferrarse a la vida, para enseñar y ayudar a personas con su misma discapacidad. En el mundo hay mucha gente que a sufrido igual o mucho mas que tu y que necesita ayuda. Solo alguien como tu que a experimentado mucho dolor puede darles esa ayuda...

Nosotros nos encontramos rodeados de por lo menos dos factores importantes que determinan las heridas emocionales con las que tendremos que lidiar, los factores son:

1. Aquellos de los que tenemos control.
2. Aquellos de los que no tendremos el control.

Los factores de los cuales tenemos el control tienen que ver con los que podemos modificar y alterar. Es decir, en las cosas que podemos intervenir para obtener resultados. Por ejemplo, yo tengo el control sobre el conyugue que elijo, la carrera, mis hábitos, mis amistades, mi trabajo, etc.

Los factores sobre los cuales no tenemos control tienen que ver con lo que esta fuera de nuestro alcance, simplemente se recibe y se acepta.

Una de las personas que mas a marcado y a influido mi vida como persona por su paciencia, amor y abnegación además de mi madre María de los Ángeles Gámez, fue mi abuela María Concepción González. Aunque tuve poco tiempo para disfrutarla porque era aun niño cuando ella falleció, su comprensión y su ternura tocaron muchas veces mi corazón. Lo mismo que mi madre.

Por caprichos de la vida mi abuela en su paso por ella conoció pobreza, carencias, enfermedades, dolor y sufrimiento en niveles muy altos.

Por desgracia se quedo sin su marido desde muy joven, con nueve de familia todos estaban en escalerita. Ella quedo expuesta a cargar con doble responsabilidad muy joven, no mucho tiempo después le pego una embolia que la dejo semiparalizada.

Una joven cargada de familia y responsabilidades, enferma, y ahora trataba de sobreponerse al dolor de la perdida de su compañero, en un país falto de oportunidades para la gente de pueblo. Sin embargo no tenía otra opción más que hacerle frente a la vida por sus propios medios.

La pregunta que surge es ¿cómo es que se puede estar en semejantes condiciones y todavía tener animo o coraje para luchar por sus seres queridos y sus responsabilidades?

Su apoyo fueron sus tres hijos mayores. El más grande era muy joven. Tubo que hacerle frente a las necesidades y exigencias de la vida, lo mismo que un hombre maduro y lleno de familia, el vio por su madre y sus hermanos esta que estos pudieron salir a enfrentar la vida por ellos mismos.

Mi abuela por su enfermedad se vio obligada a desprenderse de su hijo más pequeño, regalándolo a otra familia cuando este era un bebé para que lo crearan y cubrieran sus necesidades.

Para cuando mi abuela tenía alrededor de 60 años ya había perdido a por lo menos cuatro de sus hijos. Finalmente su vida culmino cuando ella tenia alrededor de 76 años navegando con el parálisis de su cuerpo y sus necesidades, tanto las de ella como las de su familia por alrededor de 36 años.

Lo más sorprendente de esto es que las tragedias nunca destruyeron su ánimo y su condición física no impidió que fungiera su responsabilidad como madre, consejera y amiga de sus hijos y nietos.

La pregunta vuelve a presentarse ¿Porque?

Tal vez la respuesta nunca llegue satisfactoriamente y en una forma razonable, pero lo que si es real es que sea como sea cada cual tiene que lidiar con su realidad.

De que hay dolor hay dolor, de que hay injusticias hay injusticias, de que en la vida hay mas preguntas que respuestas las hay, pero aun en medio de todo eso *el desafío mas grande de todos, es entender el arte de vivir y pasar por nuestra vida madura y sabiamente, adaptándonos a cualquier situación. En otras palabras es saber lidiar con nuestros sufrimientos y problemas, al punto que podamos elevarnos por enzima de ellos y a pesar de ellos conservar la inspiración para triunfar y ser felices.*

Una cosa es cierta por dura y cruel que sea la situación que te rodea si no te refugias en los brazos de Dios será mas difícil encontrar consuelo, fortaleza, fe, esperanza y valor para enfrentar tus pruebas y salir triunfante de en medio de ellas, por duras que parezcan, no te sentirás solo ni vacío.

Tenemos por lo menos dos opciones en nosotros:

1. *Renegar de la vida, de las circunstancias, del destino al punto que nos llenemos de odio, amargura y resentimiento y finalmente terminar deprimiéndonos arropados e inmersos en pensamientos negativos, asiéndonos mas daño que bien.*

2. *Adaptarce con fe y valentía enfrentar la adversidad y las desventajas que nos rodeen. De cualquier manera estemos de acuerdo o no, finalmente cualquier etapa de nuestra vida no nos va a quedar más remedio que terminar aceptándola.*

Los sicólogos dicen que todos recibimos el primer trauma y la primera agresión en el momento de nacer, por el cambio tan brusco del clima y del medio ambiente y el manazo que nos dan.

Según los sociólogos dicen que *las personas pueden rebelarse y ser crueles e insensibles por muchas razones. Una de ellas es que su rebeldía o inseguridad se debe a una búsqueda de su sentido de importancia. Otras razones de su rebeldía es por miedos y memorias atoradas por el deseo de afirmación, propósito e identidad. Por sucesos que marcaron su existencia, es decir son experiencias que provocaron traumas en ellos y que sin proponérselo los impulsan a obrar como lo hacen.*

Vamos a sondear un poco las emociones que pueden generar que alguien se convierta en un monstruo implacable lleno de rencor, odio, resentimiento, recelo, coraje y muchas otras cosas.

En la mayoría de los criminales, su estado de descomposición mental se debe a memorias en las cuales quedaron atrapados y nunca pudieron digerir por alguna razón. Han vivido su vida oprimiendo sus emociones y autosugestionando su mente con eso lo cual con el tiempo, termina por desbordarse en el terreno de su comportamiento.

Dale Carnegie en su libro *Como Ganar Amigos e Influir Sobre las Personas* cuenta una historia interesante. En una entrevista que tuvo con uno de los médicos más importantes el cual había recibido los más altos honores y las recompensas mas codiciadas de su tiempo por sus conocimientos sobre la demencia. Le hizo esta pregunta acerca de la demencia; ¿Porque enloquecen las personas? La respuesta fue simple; no lo se y creo que nadie lo sabe, pero *muchas de las personas que enloquecen encuentran en la demencia ese sentido de importancia que no pudieron obtener en el mundo cruel de la realidad.*

Después le narro una historia de una paciente cuyo casamiento resulto una tragedia. Deseaba amor, satisfacción sexual, hijos y prestigio social; pero la vida destrozo todas sus esperanzas. Su esposo no la amaba y la trataba mal, para colmo no tubo hijos, ni importancia social. Ella enloqueció! En su imaginación se divorció y recupero el apellido de soltera. Ahora cree que se ha casado con un aristócrata Ingles. Y en cuanto a los hijos, se imagina que cada noche da a luz a uno. Cada vez que la visito me dice, "Doctor, anoche tuve un bebe"

La vida hizo naufragar todas las naves de sus sueños en los escollos de la realidad pero en las islas fantásticas, llenas del sol de la demencia, todas sus naves llegan a puerto con las velas desplegadas.

Finalmente, el medico termino diciendo, "si pudiese estirar una mano y devolverle la cordura, no lo haría. Es mucho más feliz tal como esta."

¿Es posible que alguien espere naranjas de la vida y reciba limones? Si es posible. Si no lo crees solo dale un vistazo al Medio Oriente que ha sido sacudido por las guerras de intereses económicos, políticos y religiosos. La violencia ha llenado el alma de mucho dolor, odio y sufrimiento de la gran mayoría de sus habitantes. Ahora trata de imaginar el drama que viven miles de familias y millones de niños, ansíanos, mujeres y personas frágiles e inocentes al sufrir las consecuencias. ¿Es posible ser feliz a pesar de semejantes circunstancias? No lo se, mas lo recomendable es que *la felicidad no debe regularse por circunstancias externas,* porque si esto fuera así créemelo que nadie en el mundo seria feliz.

La felicidad tiene que ver con lo de adentro, con el enfoque y la percepción de las cosas.

Nunca olvidemos que cada problema o trauma proporciona el ingrediente para su propia solución o recuperación y que es mucho más fácil y eficiente la solución o la recuperación si confrontamos el problema en el mismo lugar donde se origina. Mientras más tardemos en solucionar cualquier problema mental más grave y difícil será combatirlo.

Sabes, nuestra mente posee la capacidad de crear y adaptarse a cualquier situación o condición.

Para ilustrar esto voy a contar una pequeña historia que escribí en mí libro "*Una Ventana a Nuestro Interior:*"

Había una vez una niñito de escasos cuatro años de edad. Ese niño tenía un perrito al cual quería mucho. Jugaba y se divertía con el; había sido su compañero inseparable por algún tiempo, suficiente como para que el niño se encariñara de una forma muy especial con el perrito. Más por alguna razón ajena y difícil de comprender el perrito enfermó y murió. El niño lloraba desconsoladamente, los padres trataron de consolarlo de mil formas, pero el niño no entendía y reclamaba la razón de su calamidad. A sus escasos años de edad el niño estaba experimentando un dolor que a menudo aparecería a lo largo de toda su vida por diferentes situaciones. Los padres decidieron enterrar el perrito en el jardín trasero de la casa. En el momento de enterrarlo el niño estuvo presente. El lugar que los padres eligieron para enterrar el perrito quedaba justo en frente de la ventana del cuarto del niño, quien siempre que se asomaba por la ventana lloraba desconsoladamente porque llegaban a su mente recuerdos de momentos difíciles. El niño perdió el apetito y dejo de comer como regularmente lo hacia. Sin darse cuenta el niño comenzó a caer en una aguda depresión y los padres desconcertados no sabían como solucionar el problema. Buscaron ayuda profesional en diferentes lugares para ayudar al niño a salir de esa situación.

Al borde de la desesperación el padre cambió de habitación las pertenencias del niño, las mudo de un cuarto a otro que quedaba al frente de la casa. Ese cuarto tenían una ventana también, pero esa ventana daba hacia el jardín delantero que unía la calle y el patio de la casa. Desde esa ventana podían apreciarse algunos árboles con pájaros, también se miraba la parte de afuera donde jugaban otros niños. De pronto algo raro comenzó a suceder, el niño comenzó a recuperarse rápidamente comenzó a comer en forma normal, su aspecto físico comenzó a mejorar y un nuevo brillo comenzó a mirarse en sus ojos.

Lo mismo sucede con *las personas adultas. Mientras se mantienen viendo por la ventana aquello que les trae solo dolor o que los conduce a cualquier hoyo dentro de su pensamiento, terminarán sumergiéndose en diferentes lagunas mentales. Eso los llevará a naufragar dentro de ellos mismos y finalmente acabarán perdidos en su naufragio lleno de soledad y de dolor. El cual poco a poco ira dominando su resistencia al robarles el sentido y la razón de vivir.*

Más si mudan su visión hacia una ventana que les brinde un panorama diferente encontrarán nuevas cosas por las cuales interesarse y motivarse.

Necesitamos acostumbrarnos a cambiar el panorama que nos rodea a través de una ventana por donde se ve la vida con diferente percepción.

Hay una regla en nuestro pensamiento que me gustaría que la analizaras detenidamente y la incorpores a tu vida. *Nunca debemos olvidar que aquello en lo que nuestra mente se enfoca determina lo que sentimos.*

En base a esta regla es necesario considerar por lo menos estas cuatro preguntas previas a cualquier movimiento que hagamos o pensamientos que tengamos:

1. ¿Es cierto lo que estoy pensando?
2. ¿Es necesario que lo piense?
3. ¿Es el momento para pensarlo?
4. ¿Servirá de algo si lo pienso?

Si no reúne las cuatro respuestas afirmativas olvidemos el asunto y concentrémonos en cosas que si den la respuesta afirmativas a esas cuatro preguntas.

Vamos a analizar este asunto; supongamos que es cierto esto que estamos pensando, pero no es necesario que lo pensemos, ni es el momento para pensarlo. Tampoco servirá de algo si lo pensamos, entonces no tiene caso pensarlo.

Ahora supongamos que es cierto lo que estamos pensando y también es necesario pensarlo, pero no es el momento para pensarlo no servirá de nada si lo pensamos, definitivamente tampoco debemos ocupar nuestra mente en eso.

Ahora, si es cierto lo que pensamos, es necesario que lo pensemos y es el momento para pensarlo, pero no servirá de nada, igual que los casos anteriores no tiene caso que invirtamos fuerzas, energías, ni tiempo pensándolo.

Entonces como regla general todo lo que nos permitamos pensar, creer, sentir, y hacer tiene que contar con estos cuatro exámenes previos y sus respuestas deben ser afirmativas.

Querido lector una cosa es real, el dolor existe, es tan cierto como que existe la vida misma y al igual que el niño de nuestra historia a lo largo de nuestra vida siempre vamos a encontrarnos con situaciones que nos provoquen dolor. Sin duda en ocasiones seremos marcados por él, más si nos quedamos viendo por la ventana que nos lleva solamente al dolor, nos amargaremos la vida. La buena noticia es que de nosotros dependerá si permitimos que eso suceda.

Es necesario desarrollar la habilidad de aventurarnos a experimentar cambios continuos y a adaptarnos a ellos auque sea difícil hacerlo.

Por otro lado no es saludable tomar tan apecho las cosas que nos hacen daño, pues lo que se sostiene por mucho tiempo en la mente, termina por convertirse en el factor dominante de nuestro pensamiento. Esto provocará que nuestra vida gire alrededor de eso.

Necesitamos acostumbrarnos a cambiar el panorama que nos rodea a través de una ventana por donde se ve la vida con diferente percepción.

Debemos desarrollar un carácter maduro que balanceé nuestra vida para que seamos capaces de asimilar cualquier circunstancia y no permitir que los estados de ánimo controlen nuestras vidas y nuestra voluntad.

Como lo mencione antes no siempre es posible cambiar las circunstancias externas, pero si podemos decidir como reaccionaremos ante ellas.

El éxito más grande en la vida es balancear tu mente, cuerpo y espíritu no solo para comportarnos en una forma adecuada adaptarnos a cualquier medio ambiente, sino sentirnos cómodos y alegres asiéndolo sin sentirnos vacíos.

Desafortunadamente hay por lo menos tres clases de dolor:

1. *El que nos provoca nuestra ignorancia y nuestra torpeza.*
2. *El que nos provoca la ignorancia, la torpeza y la maldad ajena.*
3. *El dolor que esta fuera de nuestro control y del los demás, simplemente se hace presente en nuestra vida. Un ejemplo de este dolor es la muerte de algún ser querido.*

Siempre habrá motivos por los cuales nos sintamos mal. *La vida simplemente nos da el golpe en su afán por enseñarnos como la jirafa a su recién nacido y después atreves del dolor y el silencio nos enseña.*

Más no te quedes viendo a través de esa ventana que te hace daño todo el tiempo, con valor y firmeza levanta tu vuelo y vuela por enzima de las tormentas, refrigera tu vida en las cosas que tienen sentido para ti. Todo aquello que te hace feliz, todo aquello que te hace sentir bien contigo mismo, con Dios y con todos los que te rodean.

El primer paso rumbo a la recuperación de cualquiera de estos problemas que acabamos de mencionar, es reconocer que existe en nosotros la capacidad de realizar nuestros sueños.

Analicemos un poco la naturaleza humana. La mayoría de nosotros nos movemos alrededor de nuestro ego. Por ejemplo todo lo que hacemos, hablamos, buscamos, pensamos, sentimos y deseamos, gran parte de eso descansa sobre el ego. Es decir tiene que ver con "yo quiero," "necesito," "para mi," "me gustaría," "busco," "mi," "míos," "mis," "yo creo," "yo pienso,".Sobre el ego descansa también el buscar éxito, fama, riqueza, placer, bienestar, comodidad, satisfacción y un sin fin de cosas mas.

Como puedes observar, siempre nos movemos alrededor de eso, incluso cuando se hace un bien como dar donaciones o ayudar a las iglesias, gobierno, escuelas u organizaciones filantrópicas se hace con el fin de sentir satisfacción haciéndolo.
La debilidad más grande de nosotros es que terminamos siendo movidos por el ego.

En las ultimas décadas se a descubierto muchos secretos naturales que poseemos en relación con el comportamiento humano y que por muchos siglos fueron totalmente ignorados y desconocidos por muchos de nuestros antecesores.
La ciencia del comportamiento humano comprende por lo menos tres ramas del comportamiento;

1. La Antropología se pregunta ¿Quienes son los seres humanos?

2. La Sociología indaga ¿A que grupo pertenecen las personas?

3. La Psicología Investiga ¿Como piensan y se comportan las personas?

Dentro de un grupo, las personas corremos el riesgo de perder la identidad propia y reaplazarla por la del grupo.

Los bebes desde antes de nacer pueden sentir las emociones que siente su madre, al punto que si la madres recibe abuso físico o emocional y siente mucho pánico durante el embarazo, hay quienes dicen que el niño puede nacer y experimentar pánico y mucha inestabilidad emocionalmente una vez que nace.

Observa este ejemplo: Pedro es un chico tímido y siente una ausencia de su sentido de pertenencia. No tubo un hogar estable y consiente o inconscientemente el siente la necesidad de aceptación en el núcleo de un grupo. El medio ambiente que lo rodea le ofrece una variedad de grupos que cada cual forma su medio ambiente bajo sus propias condiciones. Por un lado tenemos a un grupo de pandilleros que en su búsqueda de pertenencia lo mismo que Pedro, ellos logran entablar conexiones entre ellos. Por otro lado, tenemos varias comunidades culturales algunas son filantrópicas, otras rurales y otras religiosas

Sin duda Pedro siguiendo su instinto de pertenencia terminará inclinándose a alguna de estas comunidades o grupos y buscará obtener de ellas su sentido de pertenencia, y su propósito en la vida. Esto lo llevará adaptarse y condicionará a pensar, a sentir y a razonar en función del medio aviente que finalmente el escoge.

Veremos algunos móviles que todos poseemos en forma natural y que regularmente usamos diariamente.

Con el fin de conocernos mas interiormente abriremos con una lupa nuestro interior, tomaremos una radiografía que nos permita entender el porque pensamos, sentimos y nos comportamos como lo hacemos.

Estos móviles se encuentran dentro de nuestros temores, nuestros deseos y nuestras necesidades. Y siempre están presentes consciente o inconscientemente en todas nuestras decisiones, acciones y reacciones. Todo lo que hacemos tiene algo de deseo, de temor o de necesidad.

Esto es una radiografía de los deseos y los temores espirituales que mas usamos diariamente.

DESEOS Y TEMORES ESPIRITUALES QUE SON NATURALES:

Deseos y Anhelos Espirituales:	Miedos y Temores Espirituales:
Salvación	Perdición
Cielo	Infierno
Perdón	Condenación
Recompensa	Castigo
Buen destino	Mal destino
Buena suerte	Mala suerte
Bendición de Dios	Maldición de Dios
Amparo de Dios	Desamparo de Dios
Conocer a Dios	Ignorar a Dios
Fe	Temor
Confianza	Desconfianza
Esperanza	Desesperación
Conocer la verdad	Engaño error
Lealtad	Deslealtad
Rectitud	Tortuosidad
Moralidad	Inmoralidad
Bondad	Maldad
Valores	Falta de valores.
Gracia	Juicio
Principios	Falta de principios.

Estas necesidades a continuación son los que mas usamos diariamente:

LAS NECESIDADES FISICAS, PSICOLOGICAS Y ESPIRITUALES:

Necesidades. Físicas Naturales:	Necesidades Psicológicas Naturales:	Necesidades Espirituales Naturales:
Respirar.	Amar.	Fe.
Comer.	Sentirse amado.	Esperanza.
Dormir.	Aceptación.	Paz.
Descansar.	Aprobación.	Perdón.
Beber agua.	Consuelo.	Salvación.
Asearse.	Equilibrio.	Amparo de Dios.
Trabajar.	Seguridad.	Moralidad.
Hacer ejercicio.	Sentirse útil.	Adorar a Dios.
Necesidades fisiológicas.	Realización.	Leer la Biblia.
Vestir.	Recreación.	Orar a Dios.
Hacer sexo.	Libertad.	Testificar.
Luz solar.	Quietud mental.	Gozo.
	Ser importante.	Bondad.
	Estima normal.	Conocer a Dios.
		Santidad.

Estos móviles se encuentran dentro de nuestros deseos, temores y necesidades los cuales se encuentran directamente relacionados con nuestras tres principales inteligencias que son:

1. Inteligencia intellectual.
2. Inteligencia emocional.
3. Inteligencia espiritual.

La Inteligencia Intelectual se define como la capacidad para comprender y razonar.

La Inteligencia Emocional se define como la capacidad de sentir y habilidad para estimular y controlar los impulsos emotivos. Es el uso inteligente e intencionado que hace que las emociones trabajen a favor nuestro. Nos ayudan a resolver los problemas de manera pacífica y proporcionándonos bienestar.

La Inteligencia Espiritual se define como la parte mas profunda de nuestro pensamiento, es un sentido de conciencia. La cual puede balancear tanto lo que pensamos, decimos y aun como nos comportamos. Se define como una capacidad que se desarrolla gradualmente mediante estímulos para poder tomar decisiones y actuar de manera correcta o incorrecta.

Si observamos con atención todos estos móviles que acabamos de mencionar nos daremos cuenta que son móviles que en diferentes niveles, tal vez unos más que otros, de alguna manera nos mueven a tomar decisiones y acciones en nuestra vida.

Ha habido quienes afirman que los móviles más intensos y persistentes dentro del corazón humano son, el deseo de ser importante y el impulso que gobierna el deseo sexual. Otra emoción intensa que también es un móvil importante en nosotros es la curiosidad, que en muchos de los casos las personas son capaces de hacer cualquier cosa, con tal de saciar el impulso persistente e insaciable de su curiosidad.

¿Por que los seres humanos han llegado a construir más y mejor armamento? La respuesta es sencilla, lo han hecho por el <u>temor de ser destruidos</u>, y ante esa posibilidad sienten <u>el deseo de seguridad</u> y una profunda e intensa <u>necesidad de libertad</u>.

Estos mismos principios se reflejan cuando observamos un bebe recién nacido. *El bebé llora cuando <u>siente temor</u>. Al estar en frente del temor <u>desea protección y seguridad,</u>*

*también llora cuando siente la <u>necesidad de ser consentido,
alimentarse o de asearse.</u>*

Según los psicólogos creen que *por lo menos poseemos
dos mentes, una de ellas es la mente emocional y la otra es
la mente racional.*

*La mente racional convence, la emocional conmueve.
La mente racional piensa, la emocional siente.
La mente racional evalúa, la emocional conecta*

*Ambas mentes son vitales para el funcionamiento correcto
y el equilibrio de nuestro pensamiento.*

*Estas dos mentes se encuentran ubicadas en los dos
hemisferios del cerebro, uno es el hemisferio derecho y el otro
es el hemisferio izquierdo, estos trabajan entre si influenciados
por medio de el aprendizaje y la experiencia del entorno y de
el medio ambiente que rodea nuestro desarrollo y la formación
que llegó a nosotros a través de nuestros cinco sentidos.*

*Hay por lo menos seis canales principales por donde se ha
introducido gran parte de la información que traemos dentro
de nuestra mente, la cual es la que determina lo que somos
y como pensamos, y en proporción a eso reaccionaremos y
actuaremos ante las circunstancias que rodean nuestra vida.*

Esos 6 canales son:

		Tiempo presente:	Tiempo Pasado:
1.	La vista.	Lo que vemos.	Lo que vimos.
2.	El oído.	Lo que escuchamos.	Lo que oímos.
3.	El tacto.	Lo que toquemos.	Lo que tocamos.
4.	El olfato.	Lo que olemos.	Lo que olimos.
5.	El gusto.	Lo que probemos.	Lo que probamos.
6.	La herencia genética.		

Nuestras herencias genéticas son un juego de predisposiciones heredadas que están atadas a las reacciones temperamentales instantáneas del temperamento y la personalidad de las personas que no se sujeta a la cultura o al entorno, sino que nacen con nosotros.

Tomar cursos para ser más agradables puede ayudar en algo mas nunca logrará modificar del todo nuestra herencia genética.

No existe una compañía comercial, alguna escuela, colegio, universidad o aun alguna iglesia que no tenga alguna forma de interpretación de los principios básicos que componen nuestra naturaleza humana.

La mente racional se encarga de definir conceptos, de analizar, evaluar, adaptar e interpretar las cosas. El conocimiento, la lógica y la experiencia es lo que forma nuestro sentido común.

De acuerdo a la información que hemos recibido a través de nuestro cinco sentidos depende gran parte lo que somos, como pensamos, lo que sentimos y como actuamos especialmente a través de nuestros ojos y nuestros oídos. Ya sea que esta información la estemos recibiendo en el presente o la hayamos recibido en el pasado y se encuentre en los archivos de nuestra memoria. Que trabajando junto con la imaginación, reconstruye fragmentos de escenas de nuestras vivencias que acumulamos en nuestro subconsciente.

Todo lo que el hombre es y habla, por lo regular esta limitado a todo lo que ve, oye, siente y pose en su esencia genética. No solo en el presente pero también en el pasado, a lo que vio, oyó, sintió y a los impulsos genéticos heredados. Porque nadie puede hablar y sentir fuera de eso. Todos sus conceptos y su formación tiene que ver con eso.

La mente emocional tiene que ver con los sentimientos, sensaciones y emociones que experimentamos a lo largo de nuestras vidas. Esta mente es estimulada principalmente por lo que vemos, tocamos, probamos, oímos, olemos y sentimos.

La gran mayoría de las personas que viven rebeladas y con odio en su corazón es por que algo o alguien daño su dignidad, su individualidad, su integridad o sus emociones.

Regularmente la gente que presenta síntomas de rebeldía y desordenes en su conducta es porque atravesó por algo de esto que veremos a continuación y quedaron marcados y profundamente dañados, al punto que no han logrado recuperarse del todo emocionalmente.

Analiza un poco este sondeo de pensamiento, algunas de estas conclusiones fueron expuestas por *Florence Littauer* autora de el libro éxito de librería *Enriquezca su personalidad* en su libro *Atrévete a soñar.*

Le con detenimiento estas posibles razones que detonan una actitud de rebeldía.

Rechazo.
Abandono.
Humillación.
Abuso físico o psicológico.
Injusticia.
Culpa.
Fracaso económico.
Aventuras extramaritales.

Fracaso sentimental.

Exposición continúo al temor.

Ira acumulada e incontrolable.

Sentimientos de culpabilidad.

Tristeza incontrolable.

Lagunas mentales.

Falta de confianza.

Miedo obsesivo de violación.

Baja autoestima.

Abuso emocional en la niñez.

Alta autoestima.

Exceso de trabajo en la niñez.

Malas viviendas.

Promiscuidad.

Pobreza extrema.

Anorexia.

Hogares desunidos.

Bulimia.

Hogares inestables.

Exceso de carencias.

Ataques de pánico.

Padres alcohólicos.

Depresión de niño.

Vicios que marcaron su vida.

Extremismo religioso.

Temor de estar a solas.

Abuso sexual.

Sentimientos suicidas.

Ruptura de los valores.

Emociones reprimidas.

Dolor excesivo de niño.

Sentimientos de indignidad.

Odio hacia los hombres o las mujeres.

Tendencias a reaccionar con vehemencia.
Tendencias a reaccionar con violencia.
Falta de un hogar o de alguno de sus padres.
Exceso de exigencias y responsabilidades en la niñez.
Relaciones pobres en la adolescencia.
Arranques continuos de ira.
Énfasis continuo en las debilidades, fallas, defectos y errores.
Perdida inexplicable de un ser querido.
Aborto deja traumas y daños que no se ven.
Incomprensión genera falta de aceptación.

Todo eso que vivimos de alguna manera tiene que ver en como pensamos, céntimos y nos comportamos en la edad adulta y en todas las áreas de nuestra vida.

Seguido en entrevistas me encuentro con personas que tienen estos patrónes: cuando los padres son dictadores, autoritarios, permisivos, inseguros, negligentes, restrictivos, extremistas, religiosos, sin aspiraciones, mediocres, ingratos, abusivos. *Cada calificativo que mencione en particular, produce su equivalente en sus hijos en algunos casos y en otros producen totalmente lo opuesto. Por ejemplo; un padre extremista religioso como los islámicos pueden producir un hijo contagiado con su mismo molde, pero en contraparte puede resultar todo lo contrario y una vez que obtenga su independencia mental, puede rebelarse contra esa forma de pensar en una forma tenaz y desafiante.*

Las personas regularmente crean hijos con los mismos síntomas y en muchos casos se siguen el mismo patrón por barias generaciones. Lo mismo aplica para sus hábitos, tendencias, convicciones, creencias y aficiones.

Dentro de todo esto que poseemos tristemente también tenemos una facilidad innata para salir mal con los demás y es difícil bajo presiones mantener nuestras relaciones equilibradas y sin fisuras.

Si no crees esto que te digo solo junta dos familias con niños que vivan y compartan el mismo techo por largo tiempo, sin temor a equivocarme te digo que te vas a dar cuenta, que no pasara mucho tiempo para cuando sobreabunden las razones por las cuales no estar de acuerdo y van a salir mal entre ellos. Sinceramente es interesante la facilidad tan extraordinaria que poseemos para salir mal.

Desafortunadamente es cierto lo que este pensamiento expresa:
El hombre es el único animal que se destruye a si mismo.

En el comportamiento humano se encierran cientos de razones por las cuales alguien piensa, siente y se comporta como lo hace por ejemplo:

Hay casos que alguien estimula pensamientos reprimidos continuamente, lo que resulta es que en el momento de salir a la luz sin duda es muy probable que la reacción se valla a extremos y proyecten la culpa a alguien mas de su comportamiento.

Otro mecanismo de defensa en nuestro comportamiento es cuando alguien nos hace algo y por temor a confrontarlo salimos mal con nuestra esposa o con los que nos rodean en otros casos culpamos a otros de nuestras desgracias.

También sucede que alguien encubra un sentimiento con una reacción opuesta por ejemplo alguien que tiene un sentimiento negativo hacia otro y trata de dar la impresión que está excesivamente preocupado por la salud y el bienestar de el o de ella.

Las personas se comportan de una manera diferente cuando están solas que cuando están en grupo. Cuando están en grupo hacen cosa que cuando están solos no harían y viceversa.

En el problema de las torres gemelas comenzó sin duda en la mente de alguien. Según los expertos fue un golpe minuciosamente planeado y llevado acabo por personas disciplinadas que creían haber nacido para eso. No fue por cualquiera que simplemente se le ocurrió.

Después de analizar diversas fuentes de información y los sucesos que preludiaron el catastrófico acto que nadie imagino, se llego a la conclusión que Osama Bin Laden fue el autor intelectual y el financiador de semejante operación y detrás de él había un grupo de extremistas islámicos.

Dentro de la mente de los terroristas suicidas encontramos por lo menos seis ingredientes básicos que desencadenaron semejante acción.

Estos son componentes importantes que actualmente se usan para mover los ánimos de la gente en los entrenamientos psicológicos bajo presión tanto de Marinos, como de Militares que se preparan para la guerra.

Consiente o inconscientemente estos elementos que veremos a continuación encienden los detonadores en los ánimos de las turbas colocando la mente de muchos en la misma sintonía. Esto hace que personas normales cometan tan terrible hazaña sin importar las consecuencias.

La pregunta es ¿puede una persona normal llegar a semejantes extremos? La respuesta es si!

Con estos componentes mal usados en su vida puede llegar a convertirse en verdaderos monstruos.

1. Resentimiento racial.
2. Celo patriótico.
3. Extremismo religioso.
4. Sentimiento político.
5. Deseo de ser héroes.
6. Deseo de ser reconocidos como mártires.

Estos elementos que miramos causan en una persona un choque de emociones que están ligadas con su origen y sus raíces patrióticas, políticas, de creencia y culturales, que en muchos de los casos terminan por colapsar llevando al ser humano a cometer actos inimaginables.

Un poco mas adelante te boy a explicar como es que funciona esto que vimos, pues todo tiene que ver con la autosugestión. Si una persona se autosugestiona ya sea de resentimiento racial, celo patriótico, extremismo religioso, deseo de ser héroe o mártir compulsivamente, prejuicios, traumas, complejos, heridas, rencores y resentimiento acumulados, pueden llevarlos a cometer atrocidades tales como matar o suicidarse.

Las personas responden a estímulos de emblemas patrióticos, políticos, culturales y religiosos. Es impresionante observar que todos de forma natural respondemos a estos estímulos.

Cuando tenía poco tiempo de llegado a Estados Unidos, un día llegué a mi casa y mi hijo Edgar estaba en su cuarto. Cuando entre en el lo primero que vi en la pared fue una bandera grande de los Estados Unidos. Mire a mi hijo, mire la bandera nuevamente sin exagerar sentí ganas de llorar. Pude entender que mi hijo estaba siendo educado de una manera diferente y su corazón se inclinaba por la cultura y los emblemas Americanos.

Ver ese cuadro, para un exmilitar como yo que a sido educado y formado patreoticamete es difícil. Desde muy joven me sugestione de esa idea, llevando los emblemas nacionales que han sido adheridos tan profundamente en mi pensamiento y que han llegado a formar parte de mí.

Justamente así es como funciona la autosugestión de distintas ideas. Por eso cuando un político o religioso agita los ánimos de la gente el ambiente se puede volver insoportable y peligroso.

Pocas veces y pocos tienen conciencia de que estos son los elementos que pueden romper con los paradigmas que rigen al mundo civilizado y equilibrado y pueden irse asta el terrible extremo.

Si no lo crees, mientras estoy escribiendo este libro, miembros radicales en el medio oriente se desprenden de Al-Quaeda y forman un grupo insurgente de terroristas que operan entre Siria e Irak. Se hace llamar ISIS que golpean y matan a todos los que piensan diferente a ellos. Después de que sucedió la tragedia del once de septiembre, zarparon varios barcos cargados de equipo y armamento militar Estadounidense rumbo a Irak, Un mes después zarparon varios barcos mas cargados con equipo y personal con un solo pensamiento! destruir y derrocar el gobierno Iraquí de Sadam Hussein... Con esa misión y ese enfoque zarparon los barcos de diferentes puertos de los Estados Unidos.

Ahora surge una pregunta ¿como se logro despertar y llevar los ánimos masivamente a un solo objetivo? Destruir un gobierno que encubría y protegía a una de las amenazas mundiales a la terrible red Al-Quaeda compuesta por terrorista principalmente extremistas islámicos.

La pregunta es: *¿Como se logro unir a una masa de gente de diferentes rangos en un solo pensamiento, tanto de un gobierno como del otro?*

La respuesta es sencilla, por lo menos esto es lo que se puede ver. Apelaron a estos elementos básicos:

Celo patriótico y cultural, extremismo religioso, sentimiento político, deseo de ser héroes, deseo de ser reconocidos como mártires y resentimiento racial.

La siguiente parte que veremos en este libro estudiará un poco como es que funciona el cerebro humano, el cual es el centro de comando de donde brotan todos los impulsos y las vibraciones, que nos mueven y detonan los sentimientos é impulsan los pensamientos que nos llevan a accionar y a reaccionar de diferentes maneras en nuestra conducta.

Así es como se logran mover los ánimos de grandes turbas. Al punto que los individuos individualmente pierden la capacidad de razonar por si mismos, al calor de los ánimos caldeados terminan por cegarse y no ven masque lo que el grupo o grupos con la excitación y el deseo de imponer lo que quieren o lo que creen los han llevado a ver.

Segunda Parte

Emergiendo del pantano. Explorando Nuestro Interior

Cerebro

*C*uando hablamos de la conducta o el comportamiento humano, obviamente seria incompleto no tomar en cuenta la fuente de donde vienen las decisiones y los pensamientos. En el cerebro es donde se generan miles de millones de impulsos eléctricos diariamente, propulsados por fibras neurotransmisoras que continuamente consiente o inconscientemente estamos estimulando.

La parte mas compleja de nuestro cuerpo es el cerebro. El cual esta entrelazado con interruptores e interconexiones sensoriales y químicas que se distribuyen por todo nuestro cuerpo generando sensaciones, sentimiento y reacciones.

El secreto mas grande de las personas que logran auto orientar su vida predeterminadamente, es que logran encontrar y establecer dominio sobre los interruptores que generan sus pensamientos, los cuales se convierten en decisiones y acciones, que sin duda con el tiempo crearán hábitos y los hábitos formarán el futuro bueno o malo.

A pesar que el cerebro normal de una persona pesa alrededor de medio kilo. Es definitivamente el órgano más difícil de entender por su complejidad y su formidable eficiencia, para controlar todo el sistema nervioso, circulatorio, digestivo y muscular. Es decir todo el cuerpo, la mente y el espíritu. Algunos creen que mueve cerca de 72 músculos cada vez que pronunciamos una palabra, ¡sorprendente!

Como lo habíamos mencionado antes, el cerebro humano se compone de por lo menos dos mentes.

1. La mente racional.
2. La mente emocional.

La mente racional convence, la emocional conmueve.
La mente racional piensa, la emocional siente.
La mente racional evalúa, la emocional conecta
Ambas mentes son vitales para el funcionamiento correcto y el equilibrio de nuestro pensamiento.

La mente racional se encarga de definir conceptos, de analizar, evaluar, adaptar e interpretar las cosas, el conocimiento, la lógica y la experiencia, es algo que equivale a nuestro sentido común.

La mente emocional tiene que ver con los sentimientos, sensaciones y emociones que experimentamos a lo largo de nuestras vidas. Esta mente es estimulada principalmente por lo que vemos, tocamos, probamos, oímos y sentimos.

El cerebro esta dividido en por lo menos dos partes importantes.

1. El hemisferio izquierdo.
2. El hemisferio derecho.

El hemisferio izquierdo procesa la información analítica y secuencial de forma lógica y lineal. También es la que contiene la capacidad matemática para hablar, leer, escribir.

El hemisferio derecho tiene que ver con la percepción global sintetizando la información, vemos las cosas en espacio, forma, color se dice es el que da la creatividad.

Cada hemisferio procesa los estímulos que recibe de forma que da el resultado que uno piensa y otro siente.

Es decir uno razona y el otro se conmueve. La orientación de los hemisferios según los estudiosos de este tema determina el sexo, la personalidad, el temperamento y muchos otros aspectos claves en nuestro comportamiento.

Muchos creen que las mujeres están orientadas más al lado derecho y los hombres al lado izquierdo, es por eso que la orientación de su mente es diferente.

La mujer es más audible y el hombre es más visual, la mujer es más sensible y el hombre más racional, el hombre persuade a razón, la mujer conmueve.

De acuerdo a la Neuropsicología el cerebro humano se divide en por lo menos cuatro secciones o lóbulos:

1. Lóbulo frontal.
2. Lóbulo occipital.
3. Lóbulo temporal.
4. Lóbulo parietal.

Lóbulo occipital, esta situado en la parte posterior de los hemisferios cerebrales. Recibe y procesa la información responsable del área de la visión.

Lóbulo temporal, esta localizado en la parte de atrás de el lóbulo occipital tras de la cien, se centra en el reconocimiento de rostros, audición, el olfato y la memoria.

Lóbulo parietal, se encuentra en la parte superior de los lóbulos parietal y occipital. Este lóbulo recibe información sensorial de todo el cuerpo, de los receptores sensoriales en la piel, los músculos, articulaciones, órganos internos. Controla el área de las sensaciones y la orientación.

Lóbulo frontal, se encuentra justo detrás de la frente, presenta la mitad del volumen del cerebro humano. Recibe y coordina mensajes de los otros tres lóbulos, sigue la huella de los movimientos previos y futuros del cuerpo. Tiene la habilidad para monitorear e integrar las tareas complejas. Funge como centro ejecutivo de control. Es la parte que mas aporta a la solución de problemas, controla la parte intelectual, conducta, personalidad, motivación, persistencia, el afecto, el carácter y la toma de decisiones morales. Supervisa las habilidades como seguir un mapa o decirle a alguien como ir de un lugar a otro.

Existe una parte del cerebro que me gustaría detenerme un poco para analizarla esta se encuentra justamente donde termina la espina dorsal y comienza el cerebro. Se encuentra en el centro del cerebro en la parte de abajo, se llama la amígdala. Es un órgano esencial para el funcionamiento y control de actividades afectivas, como la amistad o el amor. Juega un papel fundamental en los estados de ánimo como miedo, ira y agresión. Tiene el censor que detecta el peligro, el cual es fundamental para la autopreservación.

Cuando el ser humano es sometido continuamente a situaciones extremas, como lo hacen las organizaciones bélicas como el ejército, la marina, la fuerza aérea y otras corporaciones policíacas, que someten a sus miembros a entrenamientos rigurosos para su formación y para que puedan manejar sus emociones en tiempos de crisis como la guerra o situaciones de peligro. Tienden a afectar profundamente este órgano. Cuando alguien se expone mucho a la violencia pierde la capacidad de reconocer las emociones de otros. Un comportamiento social extremamente alterado es capás de lesionar la amígdala al perder la sensibilidad y las reglas del comportamiento social afectivo. Esto puede desgastar nuestra capacidad de sentir sensibilidad y es por eso que los miembros de organizaciones criminales son incapaces de sentir dolor emocional o remordimiento. Porque han pasado por un proceso de insensibilización, al punto que reaccionan fácilmente con ira y por instinto. Esto puede explicar un poco el comportamiento de los carteles de la droga y del comportamiento de criminales. También explica el comportamiento de organizaciones terroristas islámicas, su capacidad de resistencia y de agresión en contra de gente que ellos consideran que deben recibir la ira de su dios. Su reacción puede compararse a la reacción de un animal.

El amor y la venganza, el altruismo y las intrigas, la vulnerabilidad y el entusiasmo son el resultado de un complejo equilibrio entre nuestra capacidad analítica y nuestra capacidad de sensibilidad.

La combinación adecuada de nuestro razonamiento y nuestra sensibilidad son las que dan el equilibrio y el balance a nuestra vida.

El equilibrio y el balance de nuestra forma de pensar son los que dan la armonía y la felicidad.

Para ilustrar un poco regresando al tema de los hemisferios para poderte ilustrar un poco la diferencia entre ambos déjame darte una ilustración:

Pensemos en una pareja que en este momento esta entrando en la iglesia a hacer sus votos matrimoniales por primera vez. Todo luce bonito la música el ambiente y el ánimo de la gente. Ahora entremos un poco a la mente de la mujer. Ella se encuentra sin palabras simplemente al verse de blanco y al lado de su prometido se siente emocionada!, Ve a su alrededor y ve las flores rojas y los corazones grabados con sus nombres que adornan el pulpito, las paredes de la iglesia, y al oír la música y el alboroto de la gente se siente tan conmovida que siente ganas de llorar.

Ahora entremos en la mente del novio que prácticamente se topa con el mismo cuadro. Solo que en lugar de poner atención a los detalles del momento como su compañera. Su mirada se concentra en la novia y comienza ponerse ansioso por que todo termine y poder verla y tocarla como siempre lo ha deseado.

Los adornos, es decir los detalles, parecen no tener mucha importancia y no le da demasiado énfasis.

¿Porque crees que pasa eso? La respuesta es porque:

El hombre es más visual y es más práctico. La mujer es más soñadora, sentimental y romántica.

Son justamente estas diferencias las que terminan por complementar y amalgamar un vínculo muy especial entre ambos.

Definitivamente creo que hay (excepciones) pero por lo general es así.
Estas diferencias se deben de acuerdo a los estudiosos de este tema a la orientación de las hormonas y los hemisferios.

Cada hemisferio se divide en por lo menos dos partes mas que son el:

El cerebro anterior que también se le conoce como lóbulo frontal se encuentra enfrente de nuestra cabeza, básicamente es la parte de donde vienen los sentimientos y las emociones porque reúne un campo de electroquímicos que los impulsan hablando del estado consiente.

El lóbulo o el cerebro posterior, el cual se encuentra en la parte trasera de nuestra cabeza, es donde se encuentra el subconsciente. En donde radica la experiencia, el conocimiento y la memoria.

Dentro de todo lo que hemos visto se encuentran por lo menos tres componentes básicos de lo que somos.

1. Cuerpo
2. Mente
3. Espíritu

El cuerpo es toda nuestra composición biológica y química.

La mente es la fuente de nuestros pensamientos, sentimientos, sensaciones y emociones.

El espíritu es un profundo sentido de conciencia.

Algunos psicólogos creen que el espíritu choca primero con las otras personas antes que la mente y el cuerpo. Esto es un ejemplo:

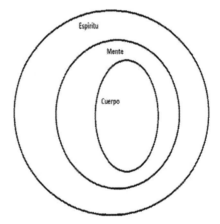

Tal vez por eso cuando alguien nos lastima emocionalmente, es tan difícil algunas veces reparar los daños internos, porque han roto primero nuestro espíritu.

El cerebro es el centro de comando de estas tres fracciones en que se encuentra dividido.

1. *El cuerpo es la envoltura, la mente es el timón y el espíritu es la vida*
2. *El cuerpo es el motor, la mente el combustible y el espíritu la chispa que le da vida.*
3. *El cuerpo es la parte biológica, la mente es el cordón que une al cuerpo y al espíritu.*

Las relaciones mas profundas se logran a un nivel espiritual. El espíritu es lo más profundo de nosotros porque puede unir a una pareja como puede unir a un grupo e incluso a una gran multitud de grupos y puede llevarnos a poder comunicarnos y a estar en armonía con otros sin que estemos presentes cuando somos abrasados con una misión.

Un ejemplo de esto son *las organizaciones religiosas las cuales con el mismo alimento espiritual llegan a construir relaciones muy profundas y llegan a unir su percepción y sus convicciones casi en un mismo sentir y pensamiento.*

¿Pero como fusiona esto? Bueno analicemos;

Cuando yo me acerco a una persona por primer vez, de la primera impresione que recibe de mi dependerá si se abre su espíritu o si se cierra. Si la impresión es negativa con seguridad el espíritu se cerrará, la mente se bloqueará y se hará más difícil reabrirlo. Mas si la primera impresión es positiva el espíritu se abrirá y podremos comunicarnos de una forma efectiva.

El espíritu como la parte más delicada y profunda del ser humano, es quien determina si será posible lograr una conexión lo suficientemente profunda y resistente que no se rompa a pensar de los empujones y estirones a los cuales sea sometido.

En una ocasión jugaba con mis hijos y algunos de sus compañeros al básquetbol en un parque, y Jonathan el mas pequeño de mis hijos varones no era tomado encuenta no le pasaban el balón. Al principio el ofreció un poco de resistencia y con esperanza pedía que le pasaran el balón., Esa resistencia comenzó a disminuir y su aspecto comenzó a cambiar. Derepente se noto un poco de coraje y frustración en su rostro, y por lo que se podía apreciar tomaban esos sentimientos mas fuerza en él. Al final muy molesto, se salio de la cancha diciendo que ya no quería jugar.

Al mirar que nadie le convidaba el balón, dentro de Jonathan, varias emociones comenzaron a cruzar por su mente. Estas comenzaron a cerrar su espíritu poco a poco al punto que comenzó a aflorar la ira en él. Finalmente lo llevo a tomar la decisión definitiva de salirse del juego.

Jonathan hubiera permanecido con su espíritu cerrado si no hubiera ido yo detrás de el para razonar con él y mostrarle comprensión, decirle que lo sentía mucho y que estábamos dispuestos a compartir el balón si el regresaba a jugar.

Esta pequeña historia tubo un final feliz, ¿pero que de aquellos niños que tienen que enfrentar las desventajas y las desgracias de la vida por si solos porque perdieron a sus padres o porque nunca los reconocieron ni se hicieron cargo de ellos?

Dentro de nuestra mente al momento de ser ignorados, agredidos o dañados de cualquier forma, comienzan a surgir sentimientos que afectan todos los órdenes del pensamiento especialmente los que están directamente conectados con la voluntad y la capacidad de servir y amar.

Querido lector, nunca olvides que dentro de nosotros poseemos los suficientes ingredientes que nos pueden dar la felicidad y una vida de inspiración, plena, placentera, armoniosa y feliz esa es la buena noticia.

La mala es que también poseemos los suficientes ingredientes que pueden hacer que nuestra vida sea vacía, hueca y asfixiante al punto que nos podemos convertir en los más infelices y malvados del mundo.

Nuestra voluntad puede ser manipulada por sentimientos cargados de maldad o por pensamientos y sentimientos cargados de bondad.

La maldad busca destruir y hacer daño.
La bondad busca construir y hacer bien.
Es decir, todo se mueve alrededor de malas intensiones y buenas intenciones regularmente. Aunque la ignorancia y la torpeza en muchos casos también juegan un papel importante.

Observa un poco la raíz de lo bueno y lo malo dentro de nosotros.

*Las buenas intensiones tienen su origen en el amor,
lo malo se origina en un amor mal enfocado. Que su
desvío lo convierte en egoísmo; es decir amor al yo.*

*El amor bueno es amor a los demás, el amor malo
es amor al yo.*

*El amor bueno piensa en los demás, el amor malo
piensa en si mismo.*

*El amor bueno da sin recibir nada acambio, el amor
malo no da solo espera recibir.*

*El amor bueno da, el orgullo o el amor malo solo
exige.*

Al igual que el amor alrededor del orgullo se mueven
varios elementos claves que gobiernan nuestra voluntad.
Lo mismo que en el amor, te voy a señalar los parientes
mas cercanos del amor y del orgullo.

*En realidad <u>el orgullo</u> y <u>el amor</u> son la base donde reposan
todos los demás cualidades o defectos de carácter. Sin duda
son móviles importantes que gobiernan nuestra voluntad,
tanto de los que contaminan y corrompen o los que purifican
y embellecen a cualquier ser humano.*

*Desconfianza, odio, recelo, celos, envidia, avaricia,
vanidad, lujuria, egocentrismo, resentimiento, arrogancia,
prepotencia y sed de dominio se mueven alrededor <u>del</u> orgullo.*

El amor es sufrido, es benigno, el amor no tiene envidia, el amor no es jactancioso, no se envanece, no hace nada indebido, no busca lo suyo, no se irrita, no guarda rencor, no se goza de la injusticia, mas se goza en la verdad, todo lo sufre, todo lo cree, todo lo espera, todo lo soporta. El amor nunca deja de ser. Según San Paulo lo afirma en 1 Corintios 13- 4-8 en la Biblia Reina Valera 1960

Todas estas cualidades que mencionamos se mueven alrededor del amor.

Rasgos naturales con resultados buenos y malos del ser humano. Resultados del amor y el orgullo:

Amor:	Orgullo:	Amor:	Orgullo:
Ama.	Odia.	Admira.	Menosprecia.
Comprende.	Incomprensivo.	Tiene tacto.	Es tosco.
Apoya.	Reprende	Simpático.	Antipático.
Dice verdad.	Miente.	Diligente.	Tímido.
Aprueba.	Desaprueba.	Sensible.	Insensible.
Bendice.	Maldice.	Auto motiva.	Se desanima.
Perdona.	Guarda rencor.	Bondadoso.	Codicioso.
Agradece.	Ingrato.	Es sereno.	Impetuoso.
Diligente.	Perezoso.	Es atento.	Frío.
Paciente.	Impaciente.	Se ríe.	Se enoja.
Escucha.	Ignora.	Humildad.	Arrogante.
Creyente.	Incrédulo.	Se anima.	Se desanima.
Amigable.	Rebelde...	Elogia.	Censura.
Tiene principios.	Es morboso.	Aprecia.	Desprecia.
Es obediente.	Es desobediente.	Sociable.	Antisocial.
Consiente.	Inconsciente.	Abnegado.	Abnegado.
Respetuoso.	Irrespetuoso	Tiene salud.	Se enferma.

Inteligencias múltiples

¿Cual es la diferencia entre la sabiduría y la inteligencia?

*U*na de las diferencias más notables es que la sabiduría la forja el conocimiento y la experiencia lo cual le da la flexibilidad de predecir o anticipar. Eso le da la oportunidad de modificar. Por otro lado la inteligencia, la cual es estimulada por el intelecto y el aprendizaje apenas puede ser disminuida e incrementada.

En otras palabras la sabiduría es la habilidad de emplear la inteligencia en las situaciones apropiadas.

Por ejemplo; Una persona sabia puede usar su inteligencia, y no solo la de él sino la de un grupo colectivo de personas, pero para poder hacer esto definitivamente necesita sabiduría.

La verdad es que la inteligencia se limita a una persona, más la sabiduría no tiene límites.

Esto quiere decir que una persona sabia puede llegar a conducir a todo un país usando como recurso la inteligencia colectiva de todos sus habitantes.

En realidad para conducir una compañía o un grupo de personas hace falta tener sabiduría. Para saber encausar la inteligencia de los que lo rodean.

Observémonos un poco por dentro, analicemos por lo menos 8 habilidades o inteligencias que se pueden desarrollar en nosotros.

Léelas con cuidado y trata de identificar cuales de ellas tú tienes más posibilidades de hacer florecer en ti.

Estas inteligencias son teoría de un psicólogo llamado Howard Gardner les llamo Inteligencias Múltiples: Según lo escribe Thomas Armstrong en su libro 7 Kinds of Smart (Siete Tipos de Inteligencia) La octava inteligencia es una nueva inteligencia que se a descubierto en las ultimas décadas. Es la inteligencia emocional.

Estas inteligencias seamos consientes o no todos las tenemos, en algunos casos medio dormidas en otros medio despiertas en diferentes niveles.

Pero todos *con ayuda de Dios las podemos desarrollar en uno u otro grado y elevarlas hasta lograr capacidades inimaginables, solo es cuestión de trabajar y ejercitar estas inteligencias diligentemente y con enfoque.*

1. *Inteligencia lingüística (capacidad de hablar y usar palabras):*
2. *Inteligencia lógica- matemática (trabajan con números y Lógica):*

3. *Inteligencia especial (Piensan en cuadros e imagines y con creatividad tridimensional):*

4. *Inteligencia musical (Perciben, aprecian y producen ritmo melodías):*

5. *Inteligencia cin-estética-corporal (Capacidades del ser físico):*

6. *Inteligencia interpersonal (Entendimiento y capacidad de trabajar con las personas):*

7. *Inteligencia intrapersonal (Conocimiento del ser interior).*

8. *Inteligencia Emocional (Habilidad para controlar o manipular sus emociones)*

1. *Inteligencia ligüística- (capacidad de usar palabras): Las personas hábiles en esta área pueden argumentar, persuadir, entretener o instruir en forma eficaz usando la palabra hablada. Disfrutan de los juegos de palabras y trivial, leen con veracidad y escriben claramente.*

2. *Inteligencia lógica- matemática (trabajan con números y lógica): La gente con habilidad en esta área tiene la capacidad de razonar, crean hipótesis, piensan en función de causa y efecto y hallan patrones conceptúales o numéricos en las cosas que los rodean.*

3. *Inteligencia especial -(Piensan en cuadros e imagines): Las personas con esta habilidad especial pueden percibir transformar y recrear diferentas aspectos del mundo especial visual. Son sensibles a los detalles visuales, y a los colores. Pueden visualizar vividamente orientándose en el aspecto tridimensional y a menudo dibujan y esquematizan ideas.*

4. *Inteligencia musical-(Perciben, aprecian y producen ritmos y melodías):*
   Las personas con esta inteligencia tienen un buen oído, pueden llevar el tiempo, cantan en su nota y escuchan música con discernimiento.

5. *Inteligencia sin estética-corporal-(Conocimiento y equilibrio del ser físico): Las personas con dones en esta área son buenos en controlas los movimientos de su cuerpo, manipular objetos con destreza realizan deportes y otras actividades físicas.*

6. *Inteligencia interpersonal- (Entendimiento y capacidad de trabajar con las personas): Los que tienen esta inteligencia pueden darse cuenta y responder a los humores, temperamentos y deseos de otros.*

7. *Inteligencia intrapersonal-(Conocimiento del ser interior). Las persones dotadas en esta área son introspectivas, buenas para evaluar sus propios sentimientos, y capacitadas de un pensamiento espiritual profundo o intelectual.*

8. *Inteligencia emocional- (Habilidad para controlar o manipular sus emociones) Es la capacidad de utilizar o controlar sus emociones o las de otros predeterminadamente a su favor. Las personas con esta inteligencia tienen la habilidad de sobreponerse al desanimo y a la derrota con mas facilidad que los que no la tienen, pueden interpretar, sentir, evaluar y trasmitir emociones con mucha facilidad.*

Integridad

*T*u integridad la forma una especie de convicciones firmes y fuertes en donde descansan valores, principios y creencias.

Tu dignidad e integridad se ve herida cuando alguien critica o rechaza lo que eres, haces, piensas, o cuando alguien menosprecia tus intensiones, virtudes o esfuerzos.

Lo más grande y admirable de un hombre es su integridad, inteligencia y determinación.
En una mujer es su seguridad, su aspecto femenil y su abnegación.
El hombre anhela fervientemente tener libertad en todos los aspectos de su vida.

Lo más sagrado de la dignidad de una persona es su libertad.

Esto aplica para todos los aspectos de la vida especialmente en estos a continuación.

1. *libertad de conciencia.*
2. *libertad de expresión.*

3. *libertad espiritual.*
4. *libertad económica.*
5. *libertad de pensamiento*
6. *libertad de elección*
7. *libertad de oportunidad*
8. *libertad de esclavitud*
9. *libertad de opresión*

Cuando no hay integridad o libertad en un hogar o en una persona a menudo todo se derrumba bajo la presión.

De acuerdo con John C Maxwell en su Libro "Seamos Personas de Influencia".

A menudo oímos hablar de artistas, políticos, abogados, doctores, oficiales del ejército, fuerzas navales, fuerza aérea y cuerpos policíacos, que se desprenden de su integridad al momento de ser sobornados con dinero, vienes, poder o placer.

Desgraciadamente podemos ver ejemplos de quiebras morales en casi todos lados, hasta sacerdotes y predicadores ecepsionales de influencia de repente se derrumban.

Cuando alguien quiebra sus principios éticos y morales se derrumba su integridad.

Actores, cantantes, políticos y personas de influencia ética y moral, se vuelven cínicos y desvergonzados cuando se derrumba su integridad. Al final terminan entregándose a los vicios, a la promiscuidad o a las drogas.

Esto sucede porque su integridad es débil y defectuosa. Está fundada apenas en buenas intensiones y esfuerzos humanos y no en el fundamento sólido de la mente maestra de Dios creador del cielo y de la tierra.

A menudo cuando nuestra integridad se quiebra, desaparece cualquier influencia positiva que pueda tener resultados favorables y permanentes en las relaciones que hayamos logrado construir.

El amor, los deseos, los temores, las emociones y las necesidades son iniciadores que influyen grandemente sobre nuestra voluntad y nuestra voluntad, es el móvil que lleva a ser realidad o a impulsar el esfuerzo, la disciplina, la persistencia que son cualidades importantes que se necesitan para triunfar o desarrollar algún talento, habilidad o inteligencia que nos lleve a materializar nuestros mas caros sueño.

Autosugestión

*L*a autosugestión es un principio importante. Aunque seamos consientes de ello o no, gobierna nuestra vida. La autosugestión sirve como regulador de todos los sentimientos, sensaciones y emociones que experimentamos a lo largo de toda nuestra vida. Tanto buenos como malos, que se pueden desarrollar en nosotros. De ella depende lo que pensamos, lo que sentimos, lo que hacemos. Hace florecer incluso las capacidades positivas y negativas intelectuales que hacen crecer el conocimiento, la sabiduría y dan la madures e inteligencia.

Es verdad que todos *nacemos con predisposiciones químicas que responden a estímulos y vibraciones sensoriales como el amor, el odio, la codicia, el sexo, las adicciones, el deseo de fama, de ser importante, de ganancias económicas, de poder, de amistad, espiritualidad, el temor y el sufrimiento. En si estas predisposiciones químicas tienen el control de agregar o disminuir volumen a nuestros sentimientos y emociones.*

En pocas palabras, la autosugestión es el regulador que controla nuestros pensamientos.
Por ejemplo un músico no puede desarrollar buen sentido musical si no se somete a sesiones continuas de práctica en

determinado instrumento. Esto autosugestiona su sentido musical y por consecuencia, responderá a esos estímulos. Lo cual le ayudara a identificar el tiempo, sonidos y notas musicales con facilidad.

Lo mismo pasa con un motivador, predicador o cualquier profesionista. No va a lograr ser lo que quiere ser si no se sugestiona de ese conocimiento.

La autosugestión es importante en el desarrollo de todas nuestras facultades, sin la cual los que logran capacidades impresionantes en sus habilidades físicas o mentales no hubieran podido desarrollar.

Todo en nuestra mente y espíritu comienza con el principio de la autosugestión, el amor, la fe, la amistad, la creencia, la esperanza y aun el temor, el conocimiento, el orgullo, el deseo y todos los conceptos que gobiernan nuestra personalidad, carácter, prioridades, decisiones, ambiciones, aprendizaje, inteligencias, emociones y comportamientos, son estimulados por la autosugestión.

Para entender esto un poco mejor, analicemos esta historia para ver como funciona el principio de la autosugestión en nosotros.

Raúl tiene su mente en blanco hablando del amor. Al inicio de clases ve entrar a Rosa, una joven simpática, bonita y carismática. La atención de Raúl se detiene por un momento en Rosa. Lo cual le da la oportunidad de encontrar en Rosa cualidades que lo atraen. Aunque Raúl tiene muchos nuevos compañeros de clase, por alguna razón, él enfoca su pensamiento varias veces en esa primera impresión que tubo con Rosa a lo largo del día. El segundo día Raúl se topa de frente a Rosa y por primera vez sus miradas se cruzan provocando un chispazo y una conexión un poco más cercana a la que habían tenido hasta este momento. Raúl piensa en este reencuentro el doble de veces que el día anterior.

Ahora supongamos que el primer día la mente de Raúl enfoco el primer encuentro ocho veces el segundo día enfoco el reencuentro dieseis veces. Es cierto que por la mente de Raúl pasan cientos de pensamientos distintos a lo largo del día, sin embargo estos pensamientos que tienen que ver con las emociones reciben una atención especial debido algunos rasgos en el físico, en el carácter y en la personalidad de Rosa.

Ese fue *el iniciador que detonó una descarga de pensamientos relacionados con ella que consiente o inconscientemente cada que se enfocan van sugestionando la mente dándole paso a un vinculo mas estrecho, el cual una vez que se hace mas fuerte, firme y adquiere madures llega a definirse como amor. Esto se logra una vez que se instalan en la mente emocional y en la mente racional las suficientes razones por las cuales se le va a creer y aceptar como amor.*

Analicemos un poco, *cuando hay un "clic" positivo o negativo, esto llega a desencadenar una serie de pensamientos positivos o negativos, que sin duda traerán sentimientos más fuertes hasta darle cuerpo a la creencia, al amor, al odio o a cualquier concepto que si se le alimenta y fortalece. Sin duda terminara por gobernar nuestro pensamiento.*

Lo mismo aplica para el aprendizaje, conocimiento, sentido musical, inteligencia y todas las facultades creativas, espirituales o intelectuales que nuestra mente puede desarrolla.

Lo mismo aplica para traumas, complejos, prejuicios que traemos que sin que nos diéramos cuenta los enfocamos, porque nos los señalaban tanto que terminamos creyendo e incorporándolos firmemente en nuestro pensamiento.

Imaginación

H ay un principio que es vital para los que deciden emprender un viaje rumbo a su éxito y su realización. Este principio es una ley básica que por siglos y siglos a estado oculto para mucha gente y la pregunta es ¿porque?

La respuesta es, porque entender su esencia y naturaleza tiene que ver con usar precisamente ese mismo principio. La gran mayoría de la gente lo usamos muy poco a veces por accidente y sin objetividad.

El origen del arte, la creatividad, el ingenio, el razonamiento y aun la sensibilidad y las emociones son propulsados en gran parte por la memoria, la imaginación y la conciencia. En este caso nos vamos a concentrar un poco en analizar el principio de la imaginación.

Dice un antiguo dicho muy común, "El que no ha aprendido a imaginar no esta listo para volar". En otras palabras, tu imaginación son las alas, que te pueden llevar a donde deseas llegar.

Querido lector para probarte que tan importante es el papel que juega el principio de la imaginación en nuestras vidas y en nuestro éxito te daré unos ejemplos. Solo piensa un poco en que lo que tú imaginas regularmente te lleva a convertir en realidad lo que imaginas. Si lo sostienes en ti el tiempo suficiente que te lleva accionar, te acercas a la frontera que puede materializarse tus pensamientos.

Es decir, si tu sostienes por mucho tiempo el enfoque de un pensamiento en algo, en eso que tu pienses sin duda te llegaras a convertir y no se limita a eso solamente sino que la imaginación es capas de transformar no solo a el que imagina y materializa lo que piensa, sino que puede traer efectos en todos los que te rodean.

Pensemos un poco en Marco Antonio Solís. Un cantante, arreglista y compositor Michoacano de fama internacional.

Cada canción y arreglo musical nacen en el mundo de su imaginación y los transporta o materializa interpretándolos en sus canciones y en su música.

Ahora, si lo comparamos con una persona común que vive sujeto a un empleo y a un sueldo que por alguna razón no tiene muchas aspiraciones, veremos la gran diferencia. Poco usa su imaginación porque se limita a usarla solo para satisfacer lo necesario en su vida.

¿Cuál es la diferencia entre ambos?

Seguramente me vas a decir la persona común no tiene el mismo don o talento que Marco Antonio Solís.

La verdad tienes un poco de razón, te digo un poco de razón porque yo conozco a *personas superdotadas de diferentes talentos que se les esta yendo la vida y la energía sumergidos en el silencio, porque no han sabido usar el principio básico de su imaginación.*

Si nos vamos mas afondo en este asunto nos vamos a dar cuenta que la diferencia entre una persona común y *Marco Antonio Solís es que este aprendió a emplear el recurso de su imaginación, el cual nuestro cerebro provee y que por desgracia la mayoría de nosotros lo desconocemos.*

Querido lector te ago una pregunta, ¿Se puede pasar por la vida y no aprender a explotar de alguna forma nuestro potencial? ¡La repuesta es si! La razón es simplemente porque no se ha encontrado la fuente motivadora que estimule y agite constantemente nuestra imaginación. Esta puede convertirse en un basto e inagotable manantial proveedor de pensamientos, artísticos, creadores, frescos e innovadores.

Justamente por eso Marco Antonio Solís desarrolló habilidades y talentos que ha sabido aprovechar y explotar al máximo. El dio con esa fuente, haciéndose alguien millonario y famoso, convirtiéndose en uno de los artistas hispanos más populares de todos los tiempos.

Alguien dijo que se ha extraído más tesoros de la imaginación de los hombres que de las entrañas de la tierra.

Todas las personas que han logrado sobresalir y trascender en este mundo han sabido encausar y aprovechar este recurso extraordinario.

No se si por tu mente a pasado esta pregunta, ¿Porque de 200 años atrás a la fecha que estamos ahora, el mundo avanzo mucho mas en su desarrollo tecnológico, científico, medico y en todos los ramos que existen? ¿Que lo que avanzo hace 2000, 3000 mil años de 200 años para atrás?

¿Porque lo que no sucedió en 2000 o 3000 años a venido a suceder en dos siglos?

En alrededor de 200 años se han desencadenado una serie de inventos valiosos, desde la invención de la luz, hasta la de los celulares y las trasmisiones satelitales. Desde la industrialización y la maquinaria a motor, hasta los inventos de las computadoras y de las naves interplanetarias. También en el área de la medicina y el descubrimiento de el átomo, el desarrollo del conocimiento y la culturalisación. En si todas las áreas de la vida han sido profundamente alteradas haciéndola mas simple y cómoda, en todos los aspectos incluso en la longevidad y la conservación de la misma.

Aunque parezca sencillo *estos cambios tan transcendentales e impresionantes, por increíbles que parezcan se han logrado gracias a gente que logro disciplinar su imaginación al punto que logro encausar su máximo potencial en la dirección correcta.* Hasta estos siglos han descubierto que por ignorancia, torpeza, falta de oportunidad o prejuicio religiosos o por muchas causas distintas conocidas y desconocidas, han desaprovechado este recurso basto e inagotable.

Hasta hace poco tiempo la gente ha sabido desarrollar la habilidad de explotar en diferentes maneras su imaginación trayendo como resultado una serie de descubrimientos y avances científicos, médicos, académicos y tecnológicos. En realidad en todas las áreas de la existencia.

Creencia

*L*a postura, la seguridad, la integridad, los valores, el carácter y la personalidad, en si todas las cualidades positivas y negativas que el ser humano logra desarrollar, lo hace sobre la base de sus creencias.

Es sorprenderte ver como para poder sobrevivir y lidiar con sus problemas, temores, angustias el ser humano tiene que descansar sobre la base de alguna creencia.

Esto no es nuevo; en las civilizaciones antiguas la gente tuvo que depender de las mismas cosas que ahora dependemos nosotros hablando emocionalmente

Por ejemplo los indios Aztecas, Romanos, Babilonios, Egipcios, Medo Persas, Griegos, Chinos, entre otros que han vivido en esta tierra, tenían muy arraigado en sus culturas alguna forma de creencia, la cual les brindaba una seguridad emocional. La mayoría de las veces quedaron sepultadas en una serie de simbologías, conceptos, filosofías, costumbres, mitos, supersticiones, tabú, paradigmas, prejuicios, rituales que tomaban el control de su arte y sus raíces patrióticas y culturales.

En pocas palabras nuestra vida se conduce a través de pensamientos, decisiones y hábitos los cuales están basados *sobre nuestro juicio, conocimiento, razón, valores y principios. Estos regularmente descansan sobre nuestras creencias.*

Alguien dijo que *tenemos las creencias suficientes en este planeta como para provocar suficiente odio que nos lleve a provocar una catástrofe mundial en los seres humanos.*

Las creencias pueden ser verdaderas y razonables o falsas y superficiales. En una ocasión caminaba con otra persona a mi lado. Platicábamos plácidamente, de repente, frente a nosotros pasó un gato negro. Al verlo, mi acompañante pegó un grito y dijo. "¡Dios mío!" Le pregunte, "¿que pasa?". Me dijo un poco inquieta y conmovida que era terriblemente malo que un gato negro pasara por enfrente de uno. Al principio pensé que estaba jugando, pero después mi di cuenta que estaba hablando en serio. Le conteste que no podía ser peor que su color fuera blanco, pinto, pardo o cualquier otro color. Para mi es exactamente lo mismo no hay ninguna diferencia.

Es cómico probablemente esto que te cuento, pero es real. Mucha gente vive atemorizada por creencias sin un tipo de fundamento.

Cuando hablamos de creencia tocamos un punto muy sensible. Es casi como pegarle un golpe a un panal de abejas, porque cuando colocamos las diferentes corrientes de pensamiento que mueven al mundo en las distintas formas de creencia, sin duda mucha gente se siente ofendida de muchas maneras y comienzan a chocar los diferentes puntos de vista.

Regularmente las creencias forman paradigmas, reglas, valores y patrones conceptúales y de comportamiento.

Las creencias básicamente se dividen en por lo menos tres categorías;

1. *Lo que creemos que es cierto.*
2. *Lo que creemos que es falso.*
3. *Lo que debemos decidir si es cierto o falso.*

Algunas creencias pueden tener fundamento otras no. Muchas de ellas su fundamento puede descansar sobre pasajes Bíblicos, otras sobre fabulas, conceptos, filosofías, mitos, supersticiones, simbolismos, etcétera.

Lo que somos depende en gran parte de lo que creemos.

Nadie escapa de ser dominado por patrones que son detonados por sus creencias. Para comprobar esto solo basta con ver en los libros de historia. Como, por la creencia, mucha gente a sido capas de matar o matarse a si mismos acosados por sus temores, prejuicios y sus creencias.

Vivimos en un mundo cambiante y lleno de zozobra. La creencia no solo se limita a la religión o al escepticismo si no también tiene que ver con el realismo.

Por ejemplo; Lupe no cree que las personas sean sinceras.

En una creencia tal, ¿No crees que afecte la percepción de Lupe en su adaptación y en la relación por la desconfianza que tiene en los demás?

Naturalmente que si, y de eso depende que Lupe sea sincera y transparente con los que la rodean o que sea reservada y desconfiada. En pocas palabras, *una creencia mal instalada afecta todos los aspectos de la vida y se resiente en todos los órdenes del pensamiento.*

Las creencias se instalan en el subconsciente.

Proverbios 15-1 Dice, "la blanda repuesta quita la ira, mas la palabra áspera hace subir el furor".

Al tener contacto con ese pensamiento, lo racionalizamos y lo adaptamos deacuerdo a nuestro conocimiento y experiencia y terminamos por instalar la convicción o la creencia en nosotros.

Una vez que entendamos eso, en otra ocasión que volvamos a leerlo o escucharlo ya no será necesario racionalizarlo porque ya formará parte de nuestra creencia.

Las creencias pueden ser así de simples o tan complicadas como las de los Musulmanes, Budistas o Extremistas Islámicos que son capases de cualquier cosa por aferrarse a lo que creen. Se llenan de odio y violencia porque creen que deben someter al mundo a sus ideas y creencias por la buena o por la mala; sin ninguna vacilación a matar o morir.

Los extremos son exageradamente malos aun de las cosas aparentemente buenas. *Desde el momento que una creencia se apodera de tu voluntad y no te da el derecho de pensar y razonar por ti mismo, robándote así tu individualidad, tú dignidad y el derecho de vivir,* no puede ser buena por muy bien intencionada que parezca.

Cuando te olvidas de ti y dependes totalmente de un grupo de personas o de alguien mas, te colocas en la boca de los leones y cuando menos lo pienses serás absorbido por las corrientes infernales de un tornado en donde beberás el veneno destructivo del fanatismo y el extremismo.

Por eso no es raro ver como una persona normal se comienza a corroer gradualmente, especialmente cuando sus creencias rompen con los esquemas y paradigmas que les dictan los altoparlantes de su conciencia.

Hay por lo menos cuatro etapas por las cuales pasan quienes se sugestionan de una religión o creencia:

1. Se confrontan con una verdad…….
   Transformación.

2. Sienten que son elegidos……… …....
   Compromiso.

3. Se separan de su rol de vida normal…
   Aislamiento.

4. Comienzan a persuadir y a convencer…
   Resultado.

Por supuesto hay creencias que son terriblemente toxicas y dañinas, que distorsionan y embotan el comportamiento. Como las que tienen tendencia al ocultismo y la superstición.

Como también hay otras que están fundadas en la buena voluntad y el bienestar social. Sin duda creo que esas creencias son pilares invisibles pero perfectamente perceptibles que sostienen el más alto esquema de valores fundamentales que ayudan a la conservación de la vida. Ya sea de un individuo, un grupo o una sociedad entera.

Origen y destino es uno de los anhelos más profundos del ser humano. Descansa en encontrarse a si mismo y tener un sentido de pertenencia, es decir un sentido de identidad nacional, familiar o de creencia.

Simpatía y Comunicación

*L*a capacidad de comunicarnos con los demás en nuestras palabras y expresiones alimentará y fortalecerá la relación ya sea positivamente o negativamente. Cuando nos comunicamos y establecemos relaciones positivas nos llenamos de satisfacción al sentirnos aceptados, dándonos un sentido de importancia y de pertenencia.

Las palabras son el medio con el cual se comunican los pensamientos del corazón y por supuesto de conectar con otros y demostrar, calidez, simpatía y aceptación. Con palabras animamos, herimos, alabamos, despreciamos, reclamamos o aprobamos. Destruimos o construimos nuestras relaciones y nuestro mundo.

Las palabras descifran tus prioridades especialmente lo que vez, piensas, sientes o haces, pues "de la abundancia del corazón habla la boca".

Tus decisiones y acciones son solo el resultado del tipo de pensamientos que tienes y que sostienes voluntaria o involuntariamente. Ya sea por tiempo muy pequeño o muy prolongado.

Somos lo que pensamos. La gente acomoda y organiza su vida alrededor de sus creencias, convicciones y pensamientos.

En pocas palabras nuestros pensamientos controlarán
las decisiones que hacemos y las acciones que tomaremos.
Pero las palabras están controladas por nuestras tendencias,
pensamientos y convicciones.

Observa con cuidado el porque y para que hablan las
personas:

	Para que.	Porque.
1	Dar consuelo	Necesitan consuelo.
2	Motivar	Necesitan motivación.
3	Persuadir	Necesitan persuasión.
4	Convencer	No han sido convencidos.
5	Desahogarse	Quieren brindar desahogo.
6	Informar	Buscan información.
7	Comprender	Quieren ser comprendidos.
8	Aliviar sus nervios	Quieren dar alivio.
9	Aceptar	Desean ser aceptados.
10	Dar apoyo	Buscan apoyo.
11	Criticar	Son criticados.
13	Testificar	Testifiquen.
14	Estar en deacuerdo.	Estar en desacuerdo
15	Ofender	Han sido ofendidos.
16	Preguntar	Les preguntan.
17	Aclarar	No esta muy claro.
18	Dar ánimo	Necesitan ánimo.
19	Mostrar simpatía	Necesitan simpatía.
20	Elogiar	Necesitan ser elogiados.
21	Dar atención.	Necesitan atención
22	Condenar	Son condenados.
23	Aprobar	Los reprueban

23	Conquistar	Sienten rechazo.
24	Mostrar amor	Necesitan amor.
25	Dar compañía	Se sienten solos.

Para mostrar sus sentimientos, ideas, pensamientos, creencia, conceptos y convicciones, los seres humanos necesitan hablar.

Dentro del ser humano se encuentra el deseo natural de ser apoyado, comprendido, aceptado y escuchado.

Escuchar, apoyar, aceptar y comprender, con interés y atención su sentir, es la mejor forma demostrarle simpatía a las personas, para persuadir y convencer su afecto y su confianza.

La simpatía llena el deseo natural del ser humano de ser apreciado, escuchado, comprendido y apoyado.

El hombre conquista el corazón cuando satisface el deseo de simpatía y aprecio natural en cada persona.

Es sorprendente ver los resultados que podemos obtener y el entusiasmo que podremos trasmitir a una persona al brindarle elogios sinceros llenos de simpatía en nuestra aprobación y al darle un lugar importante en nuestro reconocimiento.

La simpatía elimina el temor, la desconfianza, la resistencia y abre la puerta a los afectos en nuestros sentimientos, es un brillo especial que nos hace agradables a los de más y nos permite influir sobre la mente, el corazón y la voluntad.

Las personas son movidas más por sus sentimientos y emociones que por la razón. Para establecer una relación amistosa, sentimental familiar, social o laboral con alguien que queremos y deseamos que sea una relación de éxito debemos mostrar simpatía sincera. La mente es susceptible a las primeras impresiones cuando estas son negativas esto afectara la relación más cuando son positivas esto fortalecerá la relación.

La gente corresponde al que sin rebajarse a la adulación sabe despertar sus sentimientos de simpatía. Nuestros sentimientos y emociones se reflejan en nuestro rostro o en nuestra manera de hablar y al actuar. La duda despierta duda, el temor despierta sospecha pero la simpatía, la confianza, el valor, el animo, el entusiasmo, la fe, el amor y la esperanza, impresionan favorablemente y conquistan el respeto. El amor de Dios obrando en el corazón de las personas los capacita para mostrar a los demás la simpatía que ellos necesitan.

Las personas, cuando se sienten agredidas ya sea verbal, emocional o físicamente, automáticamente levantan una barrera y cierran su corazón a la amistad.

Los pensamientos, los modales y las palabras negativas provocan el rechazo de parte de la gente y en un nivel mucho más grande cuando esas palabras se pronuncian en contra de ellos o los que ellos aman; Las frases cordiales son las que no critican, no censuran, no reprenden sino que admiran, elogian, expresan alegría, gratitud, aprecio, ánimo, entusiasmo, simpatía. Estas estimulan y fortalecen, infunden esperanza, fe, confianza, optimismo y afecto cuando con sinceridad nacen del corazón. Alientan, y si son agradables y genuinamente afectuosas, saturadas de comprensión, se reciben con gozo y caen en el corazón como dulces gotas de rocío en un lugar seco. En muchos de los casos el simple hecho de escuchar a la gente con interés y atención mientras ellos se desahogan emocionalmente es suficiente para que sientan que estamos mostrando nuestra simpatía por ellos.

En mi libro "Una Ventana a Nuestro Interior". Describo por lo menos 10 pasos básicos para mostrar simpatía genuina y verdadera a los que nos rodean.

Para conquistar la simpatía de los demás en perspectiva se logra con actitud y frases cordiales que encierren expresiones amigables, llenas de comprensión y sinceridad.

Estos son por lo menos 10 pasos a seguir;

1. *Tratar a las personas con alegría, con sinceridad y transparencia.*
2. *Tratar a las personas con sonrisas llenas de comprensión y cortesía distinguida.*
3. *Mencionar el nombre de las personas con respeto al dirigirnos a ellos.*
4. *Mencionar su cargo o posición con admiración.*
5. *Exaltar su trabajo, sus logros.*
6. *Pedir su opinión consejos o favores.*
7. *Oírlos con interés e interésese por sus problemas y sus deseos.*
8. *Hacerles favores, atenciones y aceptar sus debilidades y sus errores.*
9. *Elógielas con sincero aprecio.*
10. *Siempre acérquese a la gente con simpatía y mediante frases cordiales.*

Las palabras negativas levantan resistencia, antagonismo, desconfianza y sierra corazones en todos los que nos rodean.

Para establecer relaciones amistosas, familiares, amorosas, de negocio o sociales, duraderas y de éxito es necesario encontrar lo bueno en los demás procurando ser comprensivo, y hasta *donde sea posible agradar y complacer. Incluso hablarles a ellos de lo que más les interesa.*

De esa manera satisfaceremos su sentido de importancia y nos ganaremos, su amistad su respeto y su cariño de otra manera si no hacemos eso, sus emociones serán afectadas negativamente y nos ganaremos lo contrario su enemistad, su falta de respeto y su falta de cariño. Entonces caminaremos de fracaso en fracaso en nuestras relaciones sociales de cualquier índole y nunca lograremos desarrollar relaciones profundas y estables con nadie. Esto significa que debemos por cortesía ceder el primer lugar a los demás en todo momento, incluso en nuestras charlas, es decir olvidarnos del yo y de mis cosas e interesarnos en el usted y en sus cosas, olvidarnos de yo creo, de yo quiero, de yo pienso, de yo siento, de me interesa mas, de me gustaría, es decir olvidarnos de todo lo que se refiera a nosotros y nuestros intereses, y pronunciar el usted y los intereses de los demás.

Debemos también apoyarlos en sus pláticas, en sus desplantes, en sus opiniones y debemos darles la aprobación que ellos necesitan en todo lo que creen y hacen.

Las palabras cordiales son las que expresan aliento, animo, estimulo, inspiración aprobación, dan la razón, infunden fe, dan esperanza, expresan alegría, no critican, no censuran, no condenan, no se burlan, no se jactan, no reprenden, no reprochan y no sanciona a los demás. Expresan amabilidad, bondad, lealtad, gentileza, nobleza, cortesía, distinción, generosidad, honradez, alegría, inteligencia, aprecio y animo.

El desafío es que todos tenemos que acostumbrarnos a barios cambios en los sentimientos y en las emociones que rodean nuestras vidas, es necesario e indispensable desarrollar en nosotros emociones estables y lógicas de una manera madura.

Seguridad

*L*a seguridad y el entusiasmo son indispensables en nuestras relaciones al tratar con los demás porque nos da postura y credibilidad, que los demás sin duda admiraran.

Un ejemplo de esto es:

Cuando un artista u orador ya sea actor, cantante, músico, político o cualquier persona que se presenta en público; si no trasmite seguridad y entusiasmo en su persona en el momento de encontrarse en el escenario, está perdido. No logrará despertar en el publico la confianza y la credibilidad en el.

Uno de los requisitos más importantes que la gente requiere para aceptarnos como líderes es que logremos trasmitir esa energía que da la seguridad y el entusiasmo que mueven los ánimos de la gente cuando nos encontramos frente a ellos.

Si logramos hacer eso con éxito ya estaremos haciendo un porcentaje muy alto de nuestro trabajo. El otro porcentaje lo complementará nuestra habilidad y nuestro talento.

En una ocasión estaba entrevistando a un medico el cual me dijo uno de los secretos profesionales más importantes de los médicos.

Ese secreto es lograr inyectarles a los pacientes la seguridad y el entusiasmo que los pacientes necesitan antes de entrar al quirófano, en donde serán intervenidos. Aun en casos serios donde peligra su vida, cuando el medico hace eso ya hizo la mitad de su trabajo la otra mitad dependerá de su habilidad y talento, pues de la seguridad y de el entusiasmo que el medico trasmita a su paciente antes de que este entre en la sala de operaciones repercutirá en la confianza y la credibilidad que el paciente deposite en él.

Lo mismo sucede con nuestras relaciones con los demás, especialmente si tenemos cierta influencia sobre ellos. De acuerdo a la seguridad y al entusiasmo que vean en nosotros, dependerá la credibilidad y la confianza que ellos depositen en nosotros.

Los deseos, los temores y las necesidades que poseemos son tres iniciadores muy poderosos, muy importantes y elementales pues se fragmentan en cientos de móviles, que nos mueven a sentir, a pensar, a decidir, a accionar y a reaccionar consiente o inconscientemente como lo hacemos.

Nuestra voluntad es movida a tomar decisiones y acciones en la vida impulsada por estos iniciadores. Aunque todos somos diferentes, compartimos algunos deseos, temores y necesidades similares, en forma general todos deseamos ser amados, deslumbrantes, importantes, tener libertad, tener seguridad, vivir, impresionar, encantar, inspirar a la gente, tener salud, gozar y ser felices.

Por otro lado tememos a las enfermedades, la esclavitud, la incertidumbre, el desamparo, los accidentes, la injusticia, la inseguridad, la muerte, la crítica, el rechazo, el dolor y el sufrimiento.

Aunque somos diferentes, compartimos muchos deseos y temores similares. Para entender más sobre este tema necesitamos adentrarnos en nuestro mundo interior y observarnos detenidamente.

Comenzaremos por establecer algunos de nuestros móviles más intensos que son los temores, los deseos y las necesidades. Algunos son detectables porque los proyectamos y los demás pueden percibirlos fácilmente. Otros no sobresalen a primera vista y aun existen otros que pasan totalmente desapercibidos ante los demás. Pero independientemente de todo eso, lo que importa es lo que somos en nuestro interior. Tenemos combinaciones y características con composiciones básicas que son similares aunque tal vez en mayor o menor intensidad.

Año con año los reveces, las circunstancias, nuestros errores, las desilusiones y las injusticias nos han golpeado el rostro, nos han pulido, lijado y esculturado por dentro. Algunas veces disfrutamos cuando los demás nos admiran, nos elogian, nos consienten y gustan de nosotros sin embargo a veces nos ignoran, nos señalan, se burlan de nosotros y nos ridícula rizan ante los demás. Todas esas vivencias personales han influido grandemente en la formación de nuestra imagen o en la percepción que poseemos de nosotros mismos. De acuerdo a esa percepción positiva o negativa dependerá el retrato que tengamos de lo que somos y lo que podemos lograr. En función de eso seremos eficientes y lograremos lo que nos propongamos o seremos negligentes sin motivación y no progresaremos en nuestros logros personales.

De una manera sorprendente, tendemos a comportarnos en la manera como nos catalogamos y nos evaluamos a nosotros mismos.

De la forma como nos catalogamos y evaluamos a nosotros mismos dependerá grandemente en la forma como pensamos y actuamos ante la gente, y de la forma como pensamos y actuamos ante la gente dependerá la forma como la gente nos mire y el nivel de credibilidad, de admiración, de respeto y de cariño que logremos inspirar en ellos.

De la credibilidad, del respeto, de la admiración y de el cariño que logremos inspirar en los demás dependerá el nivel de influencia que lograremos tener sobre ellos y de acuerdo a esa influencia que logremos tener sobre los demás dependerá gran parte nuestro éxito.

Regularmente la gente tiende a medirnos por nuestros logros. En nuestros logros se refleja la forma como pensamos, de acuerdo a como pensamos actuaremos, de la forma como actuemos dependerá lo que logremos, y de lo que logremos dependerá lo que los demás escuchen y digan de nosotros. Porque nuestros logros y hechos son los que determinan como nos ven los demas.

De lo que los demás escuchen y digan de nosotros dependerá la forma como los demás nos miren.

Prudencia

*C*uando somos prudentes trataremos a los de más con tacto, sin ofenderlos, ni desanimarlos. No despertando sus prejuicios o sus temores, sino conquistando su cooperación voluntaria.

Desafortunadamente todos estamos erizados de prejuicios y acosados por nuestros temores e inseguridades.

La prudencia es la capacidad de percibir cualquier situación. Nos proporciona el ingrediente para anticipar su resultado y nos lleva a afrontarla de una manera más inteligente. La prudencia no hiere, no contradice, no ataca, procura su bien, da la razón, menciona lo bueno de los pensamientos escuchados. La prudencia es la que detona en nosotros el tacto para manejar cualquier situación; esta unida a la cortesía. Coincide en decir y hacer lo bueno que agrada a los demás; conquista el apoyo, la admiración, el respeto y el cariño.

Tal vez, por eso en el siglo 17 el filósofo y matemático Isaac Newton nos dio a conocer algunas leyes naturales de la física las cuales se aplican tanto a los seres humanos como a sus revelaciones sociales.

Una de estas leyes es esta:
Para cada acción hay una reacción igual en sentido opuesto.

Siempre nuestra prudencia será proporcionada por nuestro sentido común, entre mas amplio sea nuestro criterio mejor será nuestra manera de emplear nuestra prudencia. Siempre vamos a encontrar casos en donde la prudencia debe ser empleada con sabiduría. Es decir callar cuando debemos callar, hablar cuando debemos hablar, escuchar cuando debemos escuchar, hablar lo que debemos hablar, callar lo que debemos callar, hacer lo que debemos hacer y en el momento preciso, saber que debemos hacer en cada situación. Comprender cuando sea necesario comprender, dar amor cuando sea necesario dar amor. El sentido común debe ayudarnos a identificar justamente cuando es que es necesitamos usar la prudencia.

La prudencia que origina el tacto que trae buenas intensiones. Si con sinceridad y transparencia brota del corazón, es nacida del amor divino, pues todos los sentimientos buenos y nobles tienen su origen en el amor divino. Dios es la fuente de toda buena intención y de todos los designios santos que puedan existir en el corazón humano.

La prudencia no provoca, no se irrita, no es áspera, brusca, ruda, fría, seca, agria, cortante, arrogante, ni insegura.

Nuestras palabras dichas con prudencia siempre deben de agradar, animar, beneficiar, inspirar, fortalecer, infundir fe, esperanza y amor.

Entre los seres humanos hay diferentes grados de sensibilidad, de cordura y de conciencia. Esto se debe al diferente panorama psicosocial que rodeo el desarrollo del intelecto, de la razón y la sensibilidad que cada uno posee.

Con frecuencia los seres humanos chocan entre si. Porque hay diferencia de puntos de vista, distintas opiniones, creencias, niveles de sinceridad, preparación, e interpretación. Por lo consiguiente se llega a puntos de vista que disienten. Esto acarrea los choques, las caras agrias, gestos airados, roses, falta de simpatía, diferencias, disgustos, resentimientos, rencores, reclamos, odios, pleitos, contiendas, disoluciones, desacuerdos, celos, envidias, discordia, divisiones, desintegraciones, y toda clase de males que provocan los derrumbes de la relaciones humanas, tanto de amigos, como de socios, tanto de parientes y familiares como de parejas.

De la armonía y de la profundidad de nuestras relaciones. Dependerá gran parte nuestro bien estar, nuestra salud, nuestro progreso y nuestra felicidad.

Esto es verdad, especialmente la relación de nuestros familiares más cercanos como lo son nuestra pareja, nuestros padres e hijos. En seguida de esas relaciones están las relaciones de nuestros amigos más íntimos, terminando con los vecinos y compañeros de trabajo o de las personas que esporádicamente nos encontramos en el supermercado o en cualquier centro de recreación o lugar que frecuentamos.

Cuando termina por desintegrarse el vínculo de una relación tan bonita e importante como lo es la que une las relaciones familiares se empieza a fisurar la base o el eje de la sociedad misma.

Cuando los hogares están unidos toda la sociedad entera lo siente, más cuando solo hay conflictos y desuniones dentro de los hogares toda la sociedad entera sufre las consecuencias.

Aunque las personas son diferentes las razones por las cuales se rompen sus relaciones son las mismas. Solo las personas cambian mas las razones por las que salen mal entre si son las mismas.

Amor

*E*l amor y la amistad hay quienes lo describen en niveles de intimidad, confianza y pasión. Los cuales se desarrollan con comunicación, continuidad y contacto.

La continuidad de la comunicación y el contacto desarrollan intimidad, confianza y pasión.

El amor es entregarse sin reservas. Por su esencia el amor es como un imán. Atrae a las personas que siempre van a donde se les aprecia. Encierra muchas cualidades muy bellas y posee por lo menos tres componentes claves que son:

1. Intimidad…... Conexión especial.
2. Confianza……Confiabilidad.
3. Pasión………..Atracción y deseo.

Hablando del amor de pareja. El amor amistoso o de familia por lo menos posee solo intimidad y confianza.

Las cuales se desarrollan y se manifiestan de varias formas: `

1. Palabras de amor…………. Reafirmación con palabras atravéz de comunicación.

2. Regalos y sorpresas...........Reafirmación con detalles.
3. Contacto físico.................. Reafirmación con abrazos, saludos y muestras de afecto.
4. Servicio........................ Reafirmación con respeto, consideración, dedicación y sumisión.
5. Comprensión....................... Reafirmación con entendimiento.

Estos elementos que leíste por lo menos deben de poseer tres características importantes para que se desarrollen y tomen una fuerza cada vez más intensa en las personas.
Estas características son:

1. Comunicación..................... Conectar.
2. Continuidad...................... Constancia.
3. Presencia.......................... Contacto personal.

Creo que las personas que se vuelven criminales y crueles lo hacen porque poseen un corazón lleno de odio. Tal ves ahí se encuentra la respuesta de porque actúan como actúan, su corazón esta lleno de odio y no de amor. El ser humano responde a los estímulos que frecuentemente es expuesto. Y lamentablemente la sociedad endurecida llena el alma de mucha gente de odio en vez de amor.

El corazón lleno de odio trae guerra, rencor, rebeldía, resentimiento y muchos sentimientos con consecuencias malas.
El corazón lleno de amor trae perdón, paz, buena voluntad y muchos sentimientos con consecuencias buenas.

En la sociedad moderna las personas tienden a ver solamente números y se olvidan de las personas y aunque estén cerca realmente se encuentran muy lejos. La barda de la incomprensión cada vez es más grande.

El amor tiene tres formas:

1. Se siente en el corazón.
2. Se expresa con la boca.
3. Se demuestra con los hechos.

Hay por lo menos tres fuentes por donde se han formado la mayoría de los programas mentales que poseemos.

1. Visión.
2. Auditivamente.
3. Sensorialmente.

Visión:..................... tiene que ver con los estímulos que visualizamos y que han instalado patrones automatizados.

Auditivamente:............. tiene que ver con los sonidos que han instalado patrones automatizados en nosotros.

Sensorialmente:............. son los patrones que vienen de lo que sentimos, tocamos y olemos.

Yo no creo saberlo todo y no pienso que tengo todas las respuestas. Solo soy un hombre común que cree entender y puede interpretar el máximo anhelo de las personas.

Vivir en paz, amar y sentirse amado.

Tal vez por ese dijo Jesús de Nazaret amados los unos a los otros. 1Juan 1:7

Muchas de las veces cuando las personas no pueden conectar con otras personas a un nivel espiritual, no pueden desarrollar la confianza y la solides que les da sentido, propósito y felicidad en sus relaciones.

Poema

Sereno, se le miraba caminar por los montes y los valles, predicando a todos sobre el reino de Dios.

Sencillo, pero sus palabras conquistaban la razón de la gente más refinada y culta de su nación.

Humilde, lleno de amor y comprensión hacia el herido, ofrecía consolación y libertad para el cautivo.

Con amor, enternecía y quebrantaba a quienes lo oían, y hacía que ardiera el corazón, con el dulce toque de su voz. OH Jesús, que con tu amor cambiaste el rumbo de este mundo, y lo orientaste al camino de regreso, hacia los brazos de Dios.

Nadie imaginó, que tú paciencia y tu sublime autoridad fuera construyendo, un templo nuevo de alabanza, obediencia y adoración regido por la fuerza del amor.

Ayúdame Jesús a caminar sobre el mar, y a vencer todo aquello que me hace mal, esas cosas que me impiden avanzar.

Ayúdame a ponerte siempre en primer lugar, a poner mí vista solo en tus caminos y a rendirte mi vida como un sacrificio vivo.

Líbrame de ser esclavo de mi mismo. Del pecado y de mi propio egoísmo que solo carcomen y envenenan lentamente en el corazón, la esperanza, la paz y el amor.

Porque para poder vivir en un mundo endurecido, bajo la sombra de la muerte y el dolor, en donde algunos se hunden en vicios, ya sin coraje vencidos por la injusticia y la incomprensión se necesita más que valor.

Por eso hoy Jesús me entrego a ti, con mi mente sucia, con mi cuerpo impuro, y con el corazón lleno de heridas y de orgullo.Ya camine rebelado con mis pensamientos y mis actos, mas hoy sin fuerza arrepentido me rindo a ti.

Porque el mundo aunque esta lleno de gente hay mucha soledad. Aunque hay conocimiento hay ignorancia de amor.

Porque el mundo aunque esta lleno de leyes, hay injusticia y temor. Aunque hay muchas cosas nada llena el corazón.

Porque solamente tú puedes limpiar mi ser, solamente en ti puedo encontrar la paz, que satisface mis anhelos más profundos, solo en ti puedo encontrar la fuerza, que santifica y da pureza a mi corazón, llenándolo de santidad de fe y amor.

Otras obras del Escritor, Compositor y Motivador Andrés Mata:

C D de motivación, crecimiento personal y educación financiera.

Temas:
1. La Escalera Corporativa.
2. La Parábola del Árbol.
3. La Mochila y la Cadena.
4. Historia de los Bancos Actuales.

D V D de motivación, crecimiento personal y educación financiera.

Temas:
1. La pirámide del Trabajo.
2. Formulas Distintas.
3. Diferentes Formas de Pensar.
4. Las 4 P y las Tendencias de Mercado.

Colección de varios CDs de composiciones de su autoria.

La Diferencia Entre La Gente De Éxito Y La Común:

Con esta extraordinaria obra podrás descifrar las razones de tanta desigualdad social y los elementos que llevan a la gente a tener resultados tan diferentes en sus logros económicos al final de sus vidas. En ella, encontrará las respuestas a las preguntas: ¿Por qué muchos gozan de abundancia mientras otros sufren carencias? ¿Por qué hay tanta disparidad entre lo que la gente logra hacer en sus vidas? ¿Cuáles son los elementos claves que hacen que los resultados sean tan diferentes? ¿Cuál es la diferencia entre los que llegan a la cumbre y los que no?

Una Ventana a Nuestro Interior:

Un libro lleno de perspicacia y sentido común que nos lleva a conocer nuestro mundo interior, porque hay mucha gente que convive mucho tiempo con su extraño interior, sin llegar a conocerlo. Esta obra fue escrita con principios sólidos de relaciones humanas, de motivación y con principios básicos de psicología.

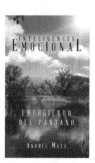

Emergiendo del Pantano:

_Saber vivir es un arte que requiere sabiduría, *porque el Juego de la vida te envuelve en diferentes situaciones que te orillan a distintas encrucijadas en donde tu voluntad y tu capacidad de luchar y de vivir son probadas. Al punto que tu futuro se ve amenazado, porque se reduce tan solo a un impulso más de tu pensamiento, el cual pende de un hilo tambaleante sostenido por la fe, la esperanza y tus deseos de seguir.*
En este libro conocerás los ingredientes fiables que forman relaciones profundas, sólidas y permanentes.
En algún punto entre tu nacimiento y tu muerte tendrás que decidir quien quieres ser. Lo que tu mente enfoca determina lo que sientes, hace falta desarrollar el corazón y la actitud de un vencedor para triunfar en el juego de la vida.
Los ingredientes que le dan sentido a la vida y hacen germinar las relaciones y el éxito personal, son cualidades

que no nacen por casualidad, hay que construirlas y hacerlas florecer.

¿Como construir relaciones profundas, sólidas y permanentes?

¿Como desarrollar la habilidad en el arte para tratar e influir en los demás? Toda la gente carga un candado en su mente aquí encontraras el aceite que lo lubrica y la llave que lo abre.

Esta información te probé los fundamentos para construir relaciones inquebrantables, a pesar de atravesar por momentos difíciles de tensión, cambios y ajustes.

C D como cantautor de música regional mexicana.

Andrés Mata G.
Informes y Contactos con el autor:
Email: matafamily1431@hotmail.com
www.andresmata.net

Bibliografía consultada

Florence Littauer autora de el libro .... Atrévete a Soñar.

Gary Richmond author de el libro .... Aview From the Zoo.

John Mason Autor del libro .... La Imitación es Limitación.

Piense y Hágase Rico .... Napoleón Hill.

Dale Carnegie en su libro .... Como Ganar Amigos e Influir Sobre las Personas

Thomas Armstrong en su libro .... 7 Kinds of Smart (Siete Tipos de Inteligencias).

"John C Maxwell en su Libro .... Seamos Personas de Influencia".

....

La Diferencia Entre La Gente De Éxito y La Común .... Andrés Mata.

....

Una Ventana a Nuestro Interior: .... Andrés Mata.

Printed in the United States
By Bookmasters